SASHA

Jean-Claude Corbeil • Ariane Archambault

DICTIONNAIRE

# Mon Premier Visuel

FRANÇAIS • ANGLAIS

QUÉBEC AMÉRIQUE jeunesse

**Catalogage avant publication de Bibliothèque et Archives Canada**
Corbeil, Jean-Claude
Mon premier visuel : dictionnaire français et anglais
Comprend un index.
Pour enfants de 2 ans et plus.
Texte en français et en anglais.

ISBN 2-7644-0836-6
1. Dictionnaires illustrés pour la jeunesse français. 2. Dictionnaires illustrés pour la jeunesse anglais. 3. Français (Langue) - Dictionnaires pour la jeunesse anglais. 4. Anglais (Langue) - Dictionnaires pour la jeunesse français. I. Archambault, Ariane II. Titre.

PC2629.C658 2005 j443'.21 C2005-940708-5F

*Mon premier visuel* a été conçu et créé par **QA International**, une division de
Les Éditions Québec Amérique inc.
329, rue de la Commune Ouest, 3e étage
Montréal (Québec) H2Y 2E1 Canada
T 514.499.3000 F 514.499.3010



Nous reconnaissons l'aide financière du gouvernement du Canada par l'entremise du Programme d'aide au développement de l'industrie de l'édition (PADIÉ) pour nos activités d'édition.

Le Conseil des Arts du Canada | The Canada Council for the Arts

SODEC Québec

Les Éditions Québec Amérique bénéficient du Programme de subvention globale du Conseil des Arts du Canada. Elles tiennent également à remercier la SODEC pour son appui financier.

Imprimé et relié à Singapour.
10 9 8 7 6 5 4 3 2 1 11 10 09 08 07 06 05
**www.quebec-amerique.com**

**AUTEURS**
Jean-Claude Corbeil
Ariane Archambault

**DIRECTRICE JEUNESSE**
Caroline Fortin

**DIRECTION ÉDITORIALE**
François Fortin
Martine Podesto

**RÉDACTRICE EN CHEF**
Anne Rouleau

**RECHERCHES TERMINOLOGIQUES**
Jean Beaumont
Catherine Briand
Nathalie Guillo

**CONCEPTION GRAPHIQUE**
Éric Millette

**COUVERTURE ET MISE EN PAGE**
Josée Noiseux

**ILLUSTRATIONS**
**Directeur artistique :** Jocelyn Gardner
Carl Pelletier
Alain Lemire
Jean-Yves Ahern
Pascal Bilodeau
Yan Bohler
Mélanie Boivin
François Escalmel
Rielle Lévesque
Anouk Noël
Michel Rouleau
Claude Thivierge
Mamadou Togola

**RECHERCHE**
Stéphanie Lanctôt
Gilles Vézina

**GESTION DES DONNÉES**
**Programmeur :** Éric Gagnon
Josée Gagnon

**RÉVISION**
Liliane Michaud
Veronica Schami

**PRODUCTION**
Nathalie Fréchette

**PRÉIMPRESSION**
Guylaine Houle
Pascal Goyette
Sophie Pellerin
Kien Tang

**CONSEILLER PÉDAGOGIQUE**
Roch Turbide

# Table des matières


4 Le corps
6 Le corps en mouvement
8 Les vêtements
10 À la maison
12 La chambre
14 La salle de bain
16 Le salon
18 La salle de jeux
20 La cuisine
22 Le repas
24 Le potager et les légumes
26 Les fruits
28 L'épicerie
30 Les animaux familiers
32 La ferme
34 La forêt
36 Le désert et la savane
38 La mer
40 Les dinosaures
42 Les plantes
44 L'espace
46 Les paysages de la Terre
48 Le temps qu'il fait
50 Les transports sur l'eau
52 Les transports dans les airs
54 Les transports sur la terre
56 La ville
58 Les métiers
60 L'école
62 Les couleurs et les formes
64 Les chiffres et les lettres
66 La musique
68 Les sports
70 Le camping
72 Les fêtes
74 Les costumes et les personnages
76 Index


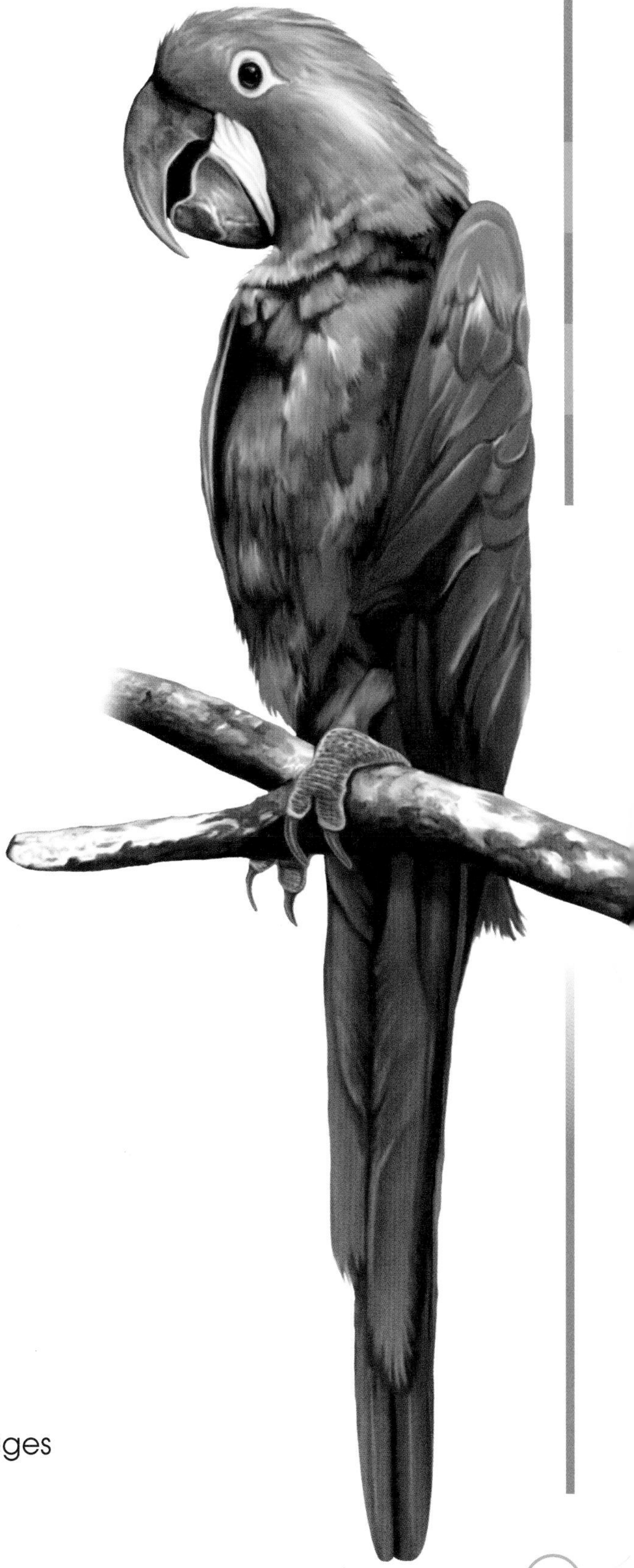

# Le corps
## The body

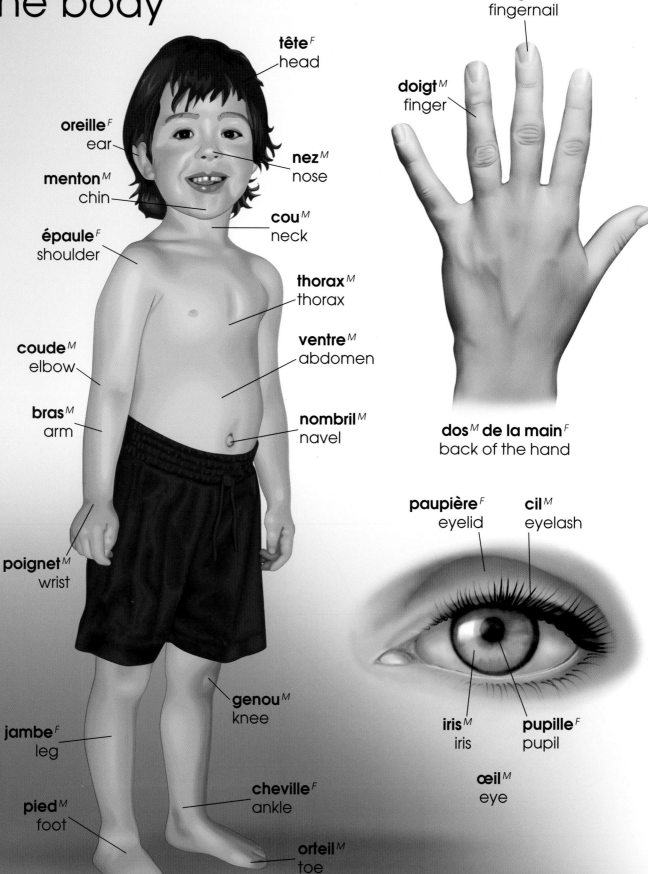

**tête** F
head

**oreille** F
ear

**nez** M
nose

**menton** M
chin

**cou** M
neck

**épaule** F
shoulder

**thorax** M
thorax

**coude** M
elbow

**ventre** M
abdomen

**bras** M
arm

**nombril** M
navel

**poignet** M
wrist

**genou** M
knee

**jambe** F
leg

**cheville** F
ankle

**pied** M
foot

**orteil** M
toe

**ongle** M
fingernail

**doigt** M
finger

**dos** M **de la main** F
back of the hand

**paupière** F
eyelid

**cil** M
eyelash

**iris** M
iris

**pupille** F
pupil

**œil** M
eye

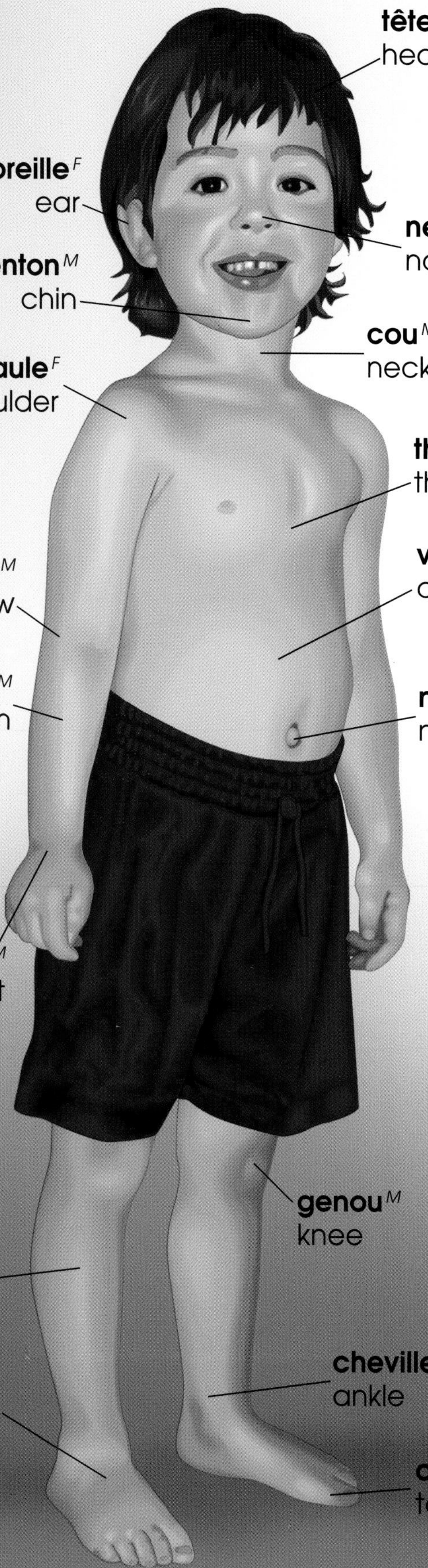

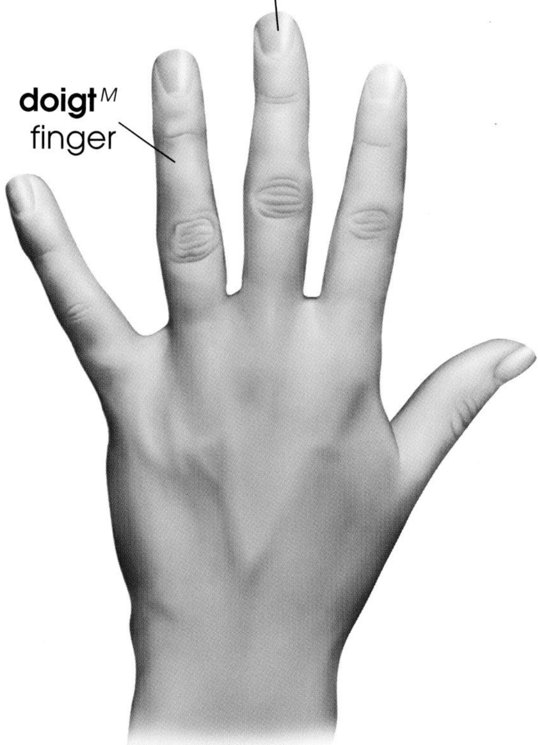

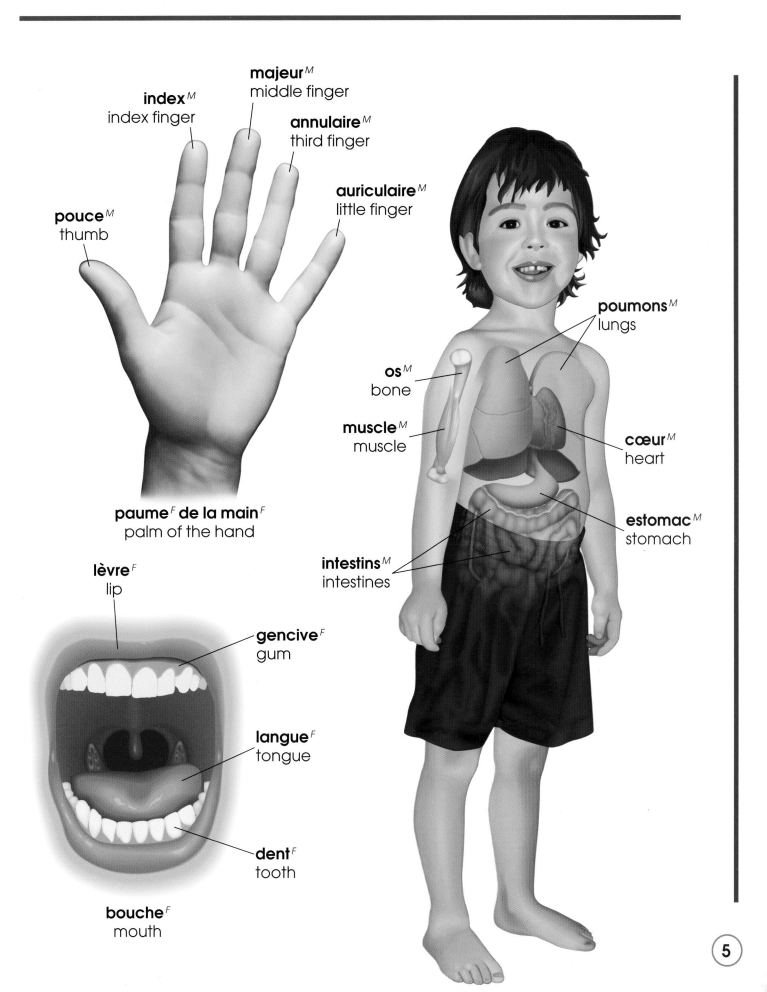

**index**^M
index finger

**majeur**^M
middle finger

**annulaire**^M
third finger

**auriculaire**^M
little finger

**pouce**^M
thumb

**paume**^F **de la main**^F
palm of the hand

**lèvre**^F
lip

**gencive**^F
gum

**langue**^F
tongue

**dent**^F
tooth

**bouche**^F
mouth

**poumons**^M
lungs

**os**^M
bone

**muscle**^M
muscle

**cœur**^M
heart

**estomac**^M
stomach

**intestins**^M
intestines

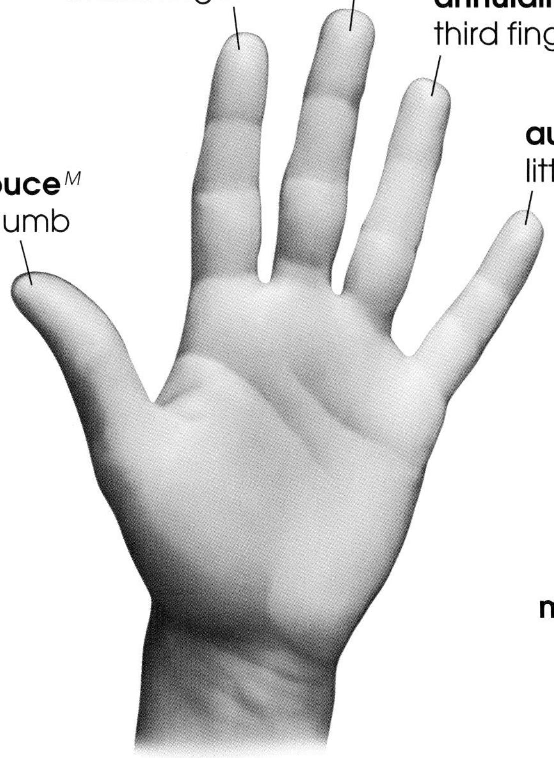

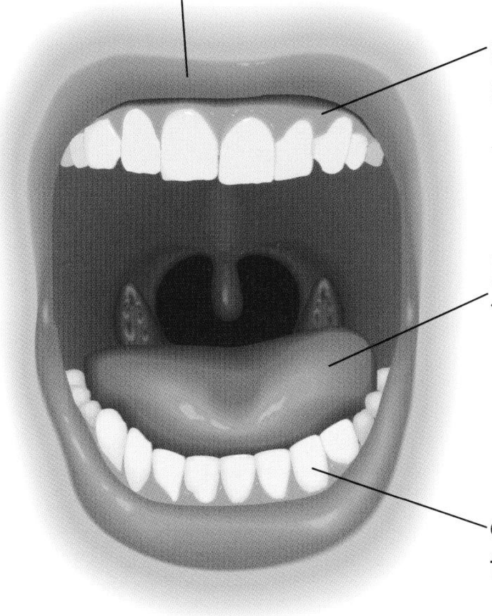

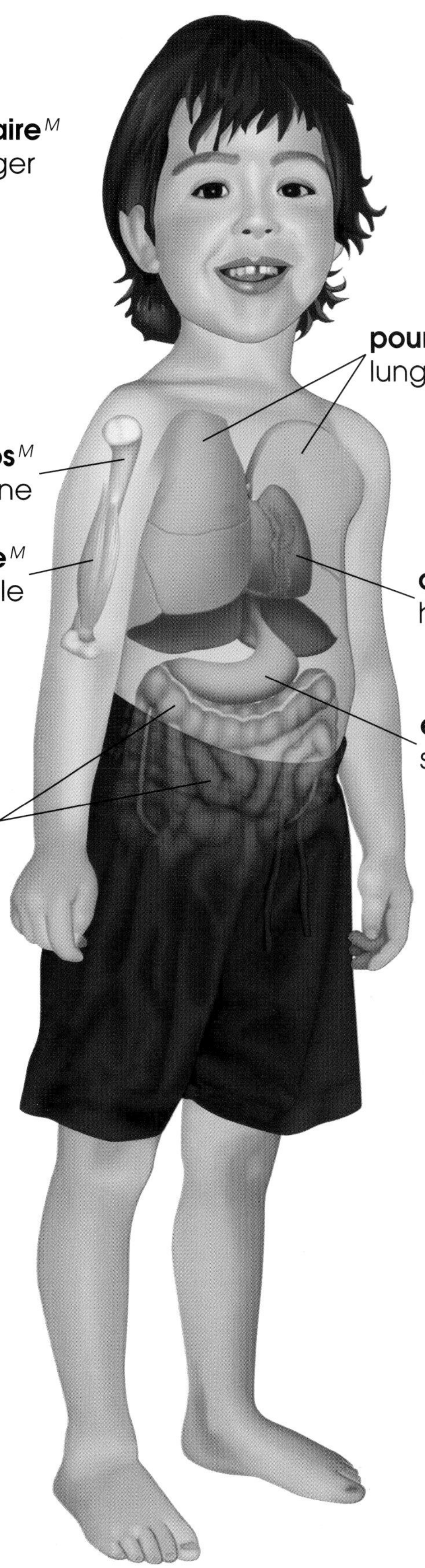

# Le corps en mouvement
## The body in motion

**être assis**
sit

**marcher**
walk

**courir**
run

**sauter**
jump

**ramper**
crawl

**dormir**
sleep

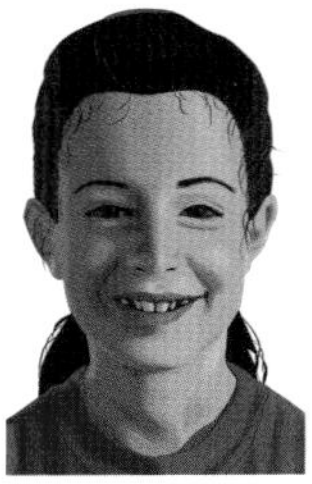

**sourire**
smile

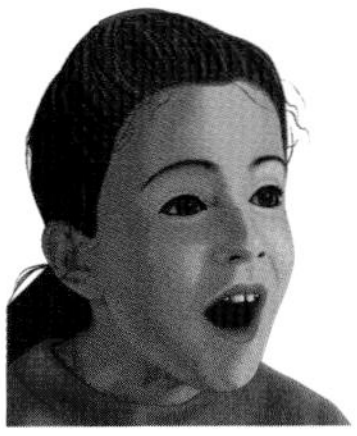

**être surpris**
surprised

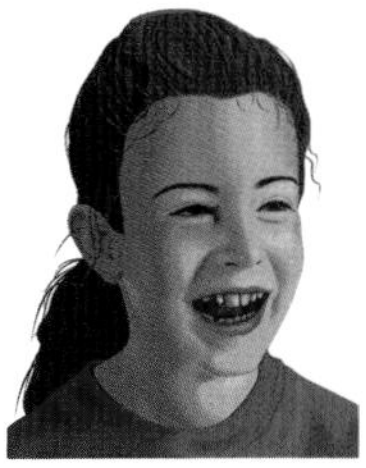

**rire**
laugh

**avoir peur**
afraid

**en haut**
up

**être fâché**
angry

**crier**
scream

**pleurer**
cry

**dans**
in

**à côté**
beside

**en bas**
down

**devant**
in front of

**derrière**
behind

**sous**
under

**sur**
on

# Les vêtements
## Clothing

**chaussure**<sup>F</sup> **de sport**<sup>M</sup>
running shoe

**languette**<sup>F</sup>
tongue

**lacet**<sup>M</sup>
shoelace

**talon**<sup>M</sup>
heel

**semelle**<sup>F</sup>
sole

**polo**<sup>M</sup>
knit shirt

**sandale**<sup>F</sup>
sandal

**T-shirt**<sup>M</sup>
T-shirt

**cardigan**<sup>M</sup>
cardigan

**bretelle**<sup>F</sup>
strap

**anorak**<sup>M</sup>
anorak

**col**<sup>M</sup> **roulé**
turtleneck

**jean**<sup>M</sup>
jeans

**braguette**<sup>F</sup>
fly

**salopette**<sup>F</sup>
overalls

**jupe**<sup>F</sup>
skirt

**robe**<sup>F</sup>
dress

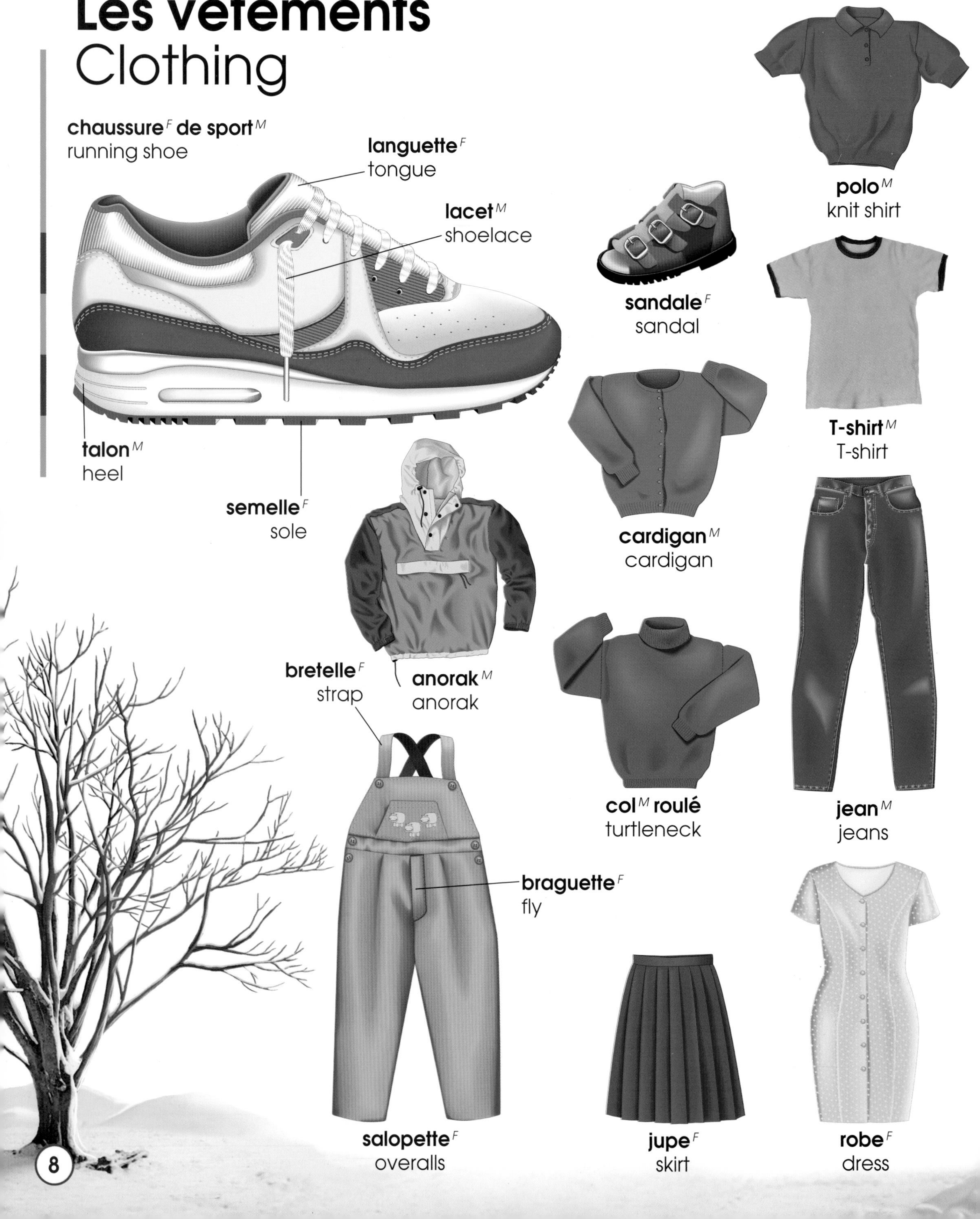

cravate[F]
necktie
chemise[F]
shirt
ceinture[F]
belt
col[M]
collar
manche[F]
sleeve
poche[F]
pocket
bouton[M]
button
slip[M]
briefs
gants[M]
gloves
caleçon[M]
boxer shorts
chaussettes[F]
socks
slip[M] de bain[M]
swimming trunks
maillot[M] de bain[M]
swimsuit
pyjama[M]
pajamas
short[M]
shorts
tuque[F]
stocking cap
pull[M] molletonné
sweatshirt
pantalon[M] molletonné
sweatpants
habit[M] de neige[F]
snowsuit
foulard[M]
scarf
mitaine[F]
mitten
botte[F]
boot

# À la maison
## At home

**taille-bordures**<sup>M</sup>
edger

**boîte**<sup>F</sup> **à outils**<sup>M</sup>
tool box

**râteau**<sup>M</sup>
rake

**marteau**<sup>M</sup>
hammer

**tournevis**<sup>M</sup>
screwdriver

**tuyau**<sup>M</sup> **d'arrosage**<sup>M</sup>
garden hose

**dévidoir**<sup>M</sup> **sur roues**<sup>F</sup>
hose trolley

**brouette**<sup>F</sup>
wheelbarrow

**arroseur**<sup>M</sup>
sprinkler

**balai**<sup>M</sup> **à feuilles**<sup>F</sup>
lawn rake

**poubelle**<sup>F</sup>
garbage can

**remise**<sup>F</sup>
shed

**jardin**<sup>M</sup> **potager**
vegetable garden

**escabeau**<sup>M</sup>
stepladder

**clôture**<sup>F</sup>
fence

**pelouse**<sup>F</sup>
lawn

**tondeuse**<sup>F</sup>
mower

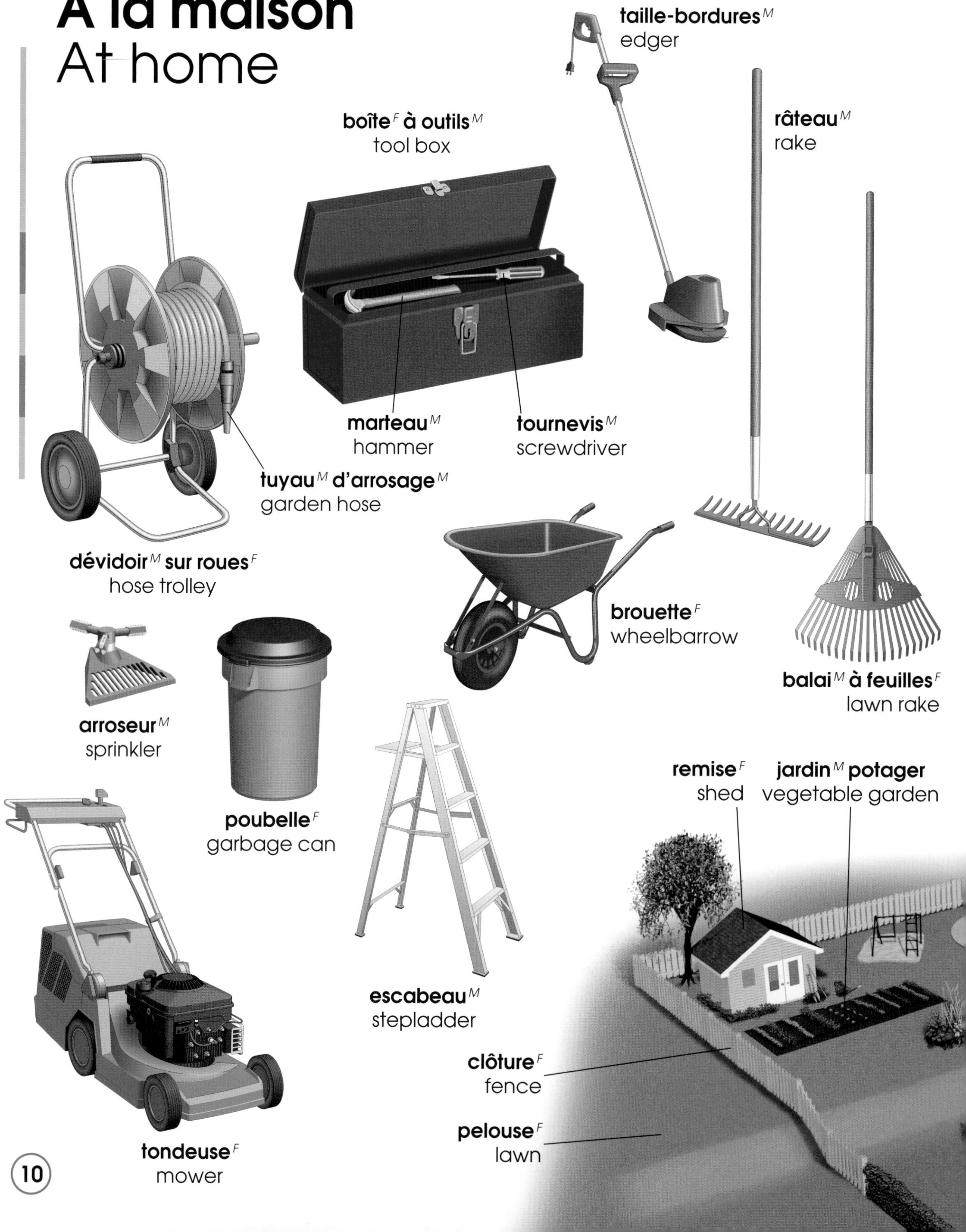

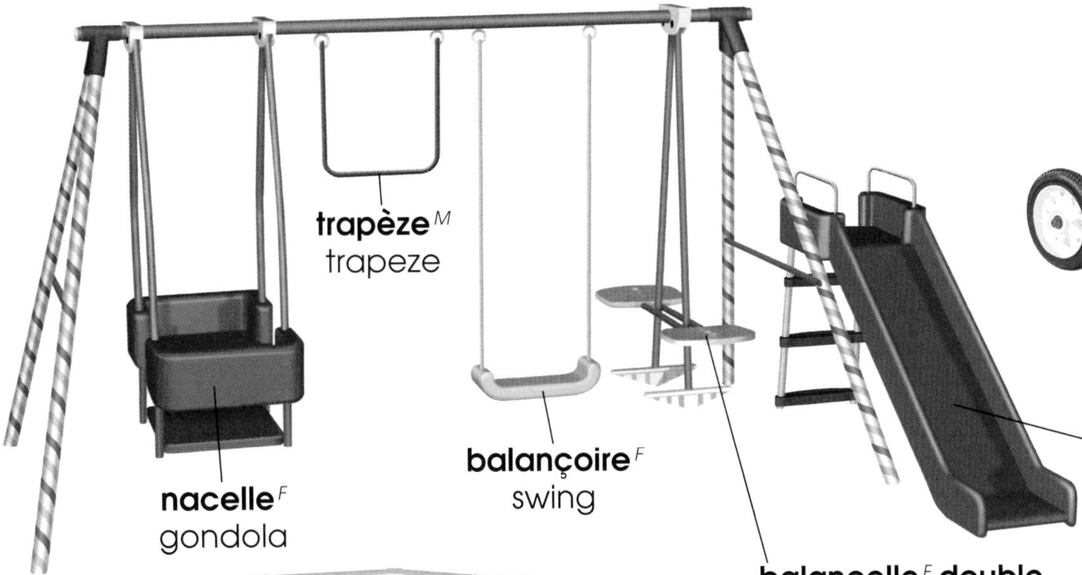
**centre**ᴹ **d'activités**ᶠ
play center
**trapèze**ᴹ
trapeze
**nacelle**ᶠ
gondola
**balançoire**ᶠ
swing
**glissoire**ᶠ
slide
**balancelle**ᶠ **double**
glider swing

**tricycle**ᴹ
tricycle

**piscine**ᶠ **hors sol**ᴹ
above ground swimming pool

**voiturette**ᶠ
wagon

**ballon**ᴹ
ball

**bac**ᴹ **à sable**ᴹ
sandbox

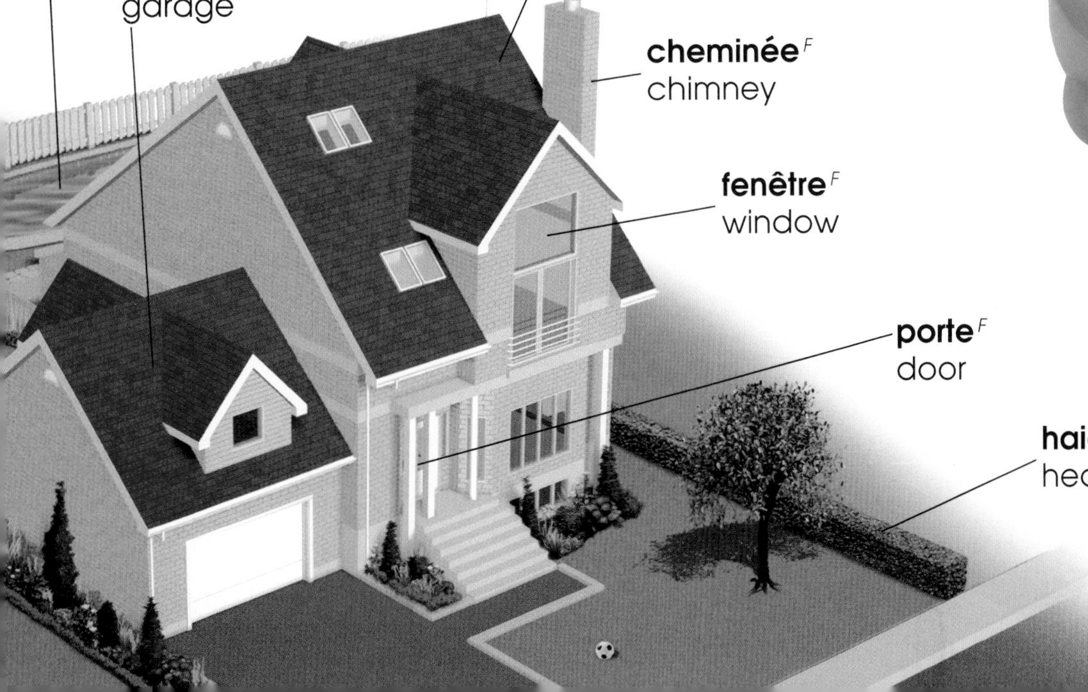
**piscine**ᶠ **creusée**
in-ground swimming pool
**garage**ᴹ
garage
**toit**ᴹ
roof
**cheminée**ᶠ
chimney
**fenêtre**ᶠ
window
**porte**ᶠ
door
**haie**ᶠ
hedge

# La chambre
# The bedroom

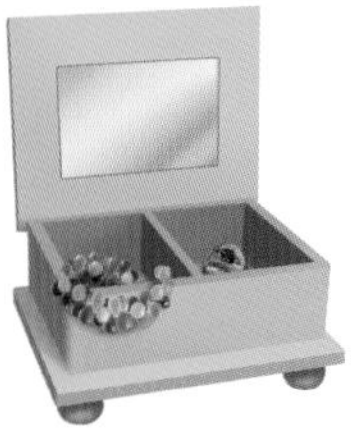

**coffret**<sup>M</sup> **à bijoux**<sup>M</sup>
jewel box

**boîte**<sup>F</sup> **à musique**<sup>F</sup>
music box

**mobile**<sup>M</sup>
mobile

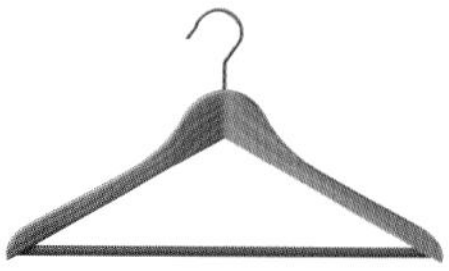

**cintre**<sup>M</sup>
hanger

**table**<sup>F</sup> **à langer**
changing table

**réveil**<sup>M</sup>
alarm clock

**miroir**<sup>M</sup>
mirror

**lit**<sup>M</sup> **à barreaux**<sup>M</sup>
crib

**lit**<sup>M</sup> **pliant**
playpen

**tête**<sup>F</sup> **de lit**<sup>M</sup>
headboard

**rideau**<sup>M</sup>
curtain

**pied**<sup>M</sup> **de lit**<sup>M</sup>
footboard

**lampe**<sup>F</sup> **de table**<sup>F</sup>
table lamp

**affiche**<sup>F</sup>
poster

**oreiller**<sup>M</sup>
pillow

**ours**<sup>M</sup> **en peluche**<sup>F</sup>
teddy bear

**drap**<sup>M</sup>
flat sheet

**commode**<sup>F</sup>
dresser

**tapis**<sup>M</sup>
rug

**édredon**<sup>M</sup>
comforter

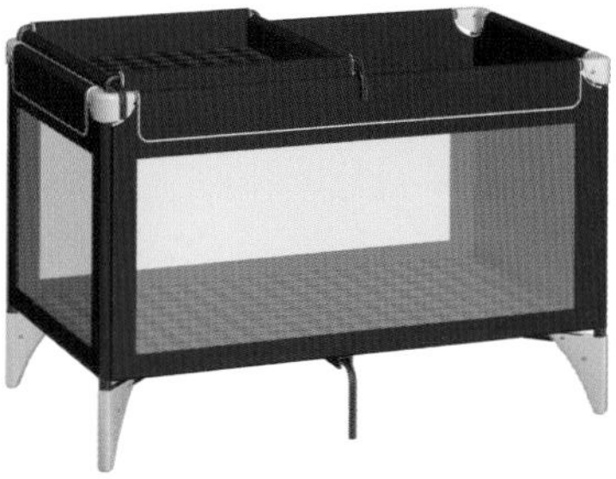

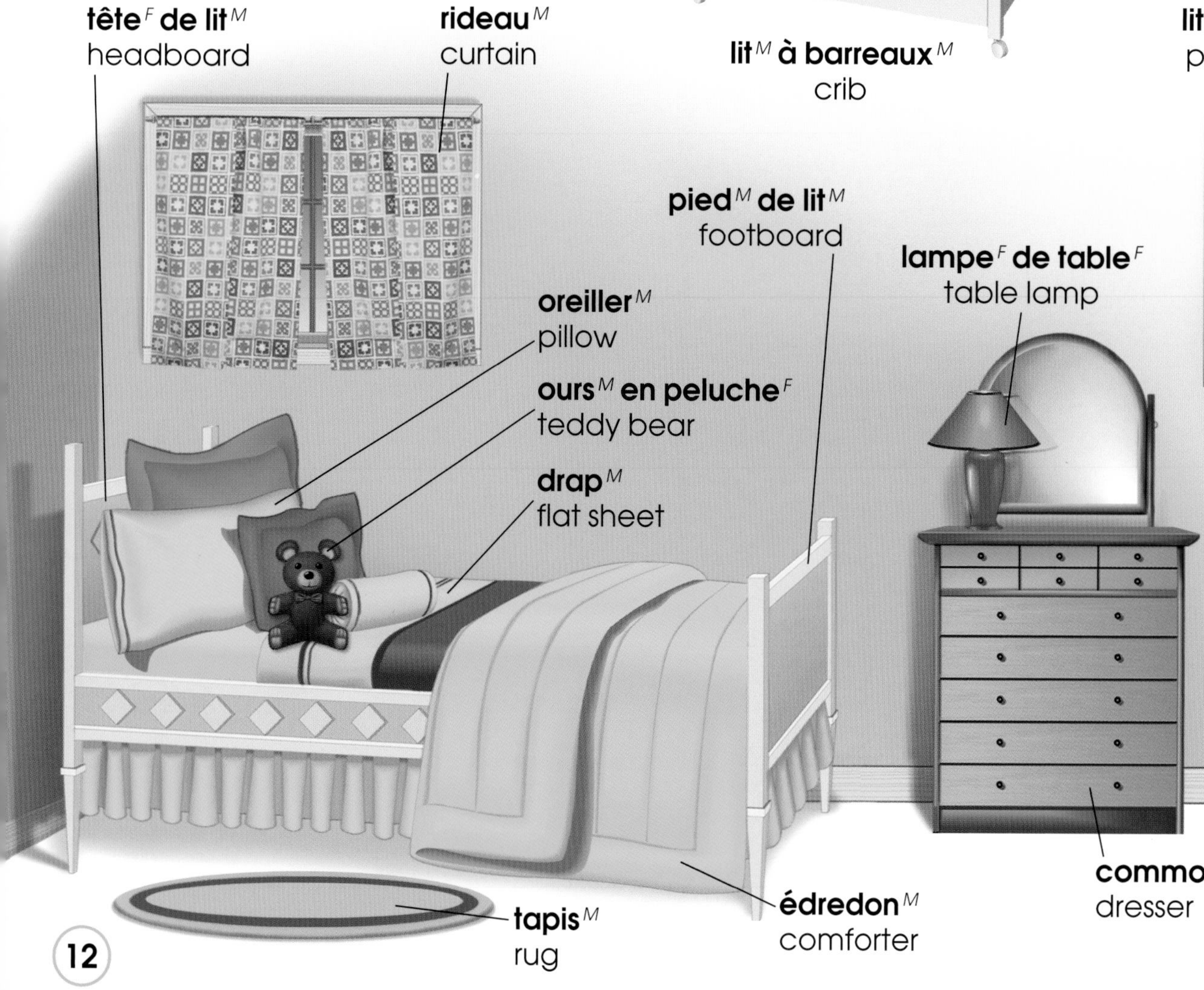

**radiocassette**[F] **laser**[M]
CD radio cassette player

**cassette**[F]
cassette

**plafonnier**[M]
ceiling fitting

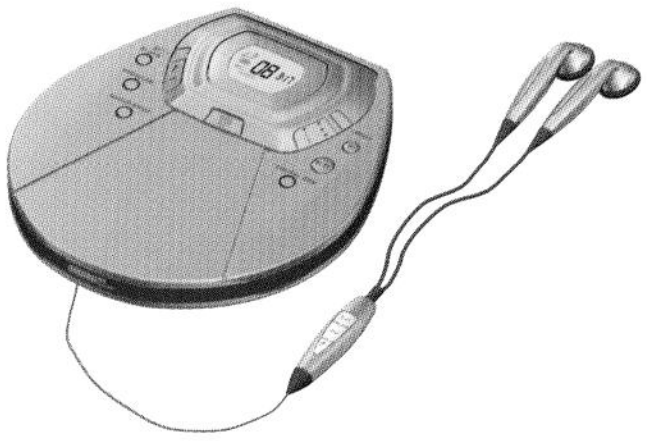

**baladeur**[M]
personal player

**disque**[M] **compact**
compact disc

**chiffonnier**[M]
chiffonier

**berceuse**[F]
rocking chair

**coffre**[M]
linen chest

**table**[F] **de chevet**[M]
bedside table

**armoire**[F]**-penderie**[F]
wardrobe

**patère**[F]
coat hook

**panier**[M] **à linge**[M]
laundry basket

**pantoufle**[F]
slipper

**porte**[F]
door

# La salle de bain
## The bathroom

**coton^M-tige^F**
cotton applicators

**fil^M dentaire**
dental floss

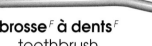
**dentifrice^M**
toothpaste

**éponge^F**
sponge

**brosse^F à dents^F**
toothbrush

**shampooing^M**
shampoo

**savon^M**
soap

**bain^M moussant**
bubble bath

**pansement^M adhésif**
adhesive bandage

**coupe-ongles^M**
nail clippers

**rince-bouche^M**
mouthwash

**rideau^M de douche^F**
shower curtain

**baignoire^F**
bathtub

**papiers^M-mouchoirs^M**
tissues

**pharmacie^F**
medicine cabinet

**papier^M hygiénique**
toilet paper

**robinet^M**
faucet

**lavabo^M**
sink

**toilette^F**
toilet

**pèse-personne^M**
bathroom scale

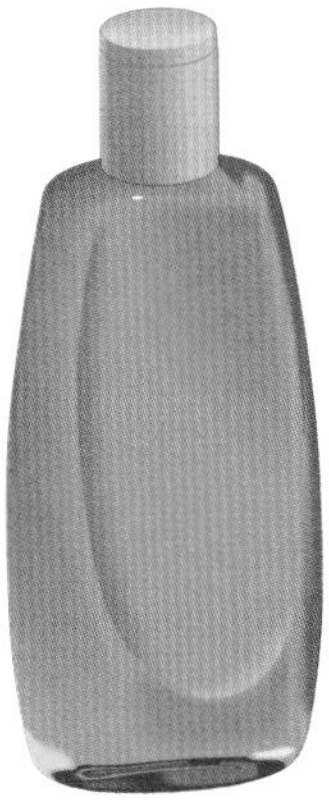

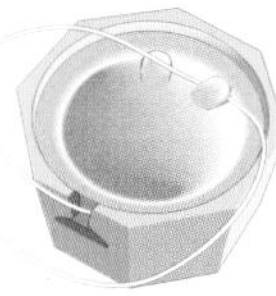

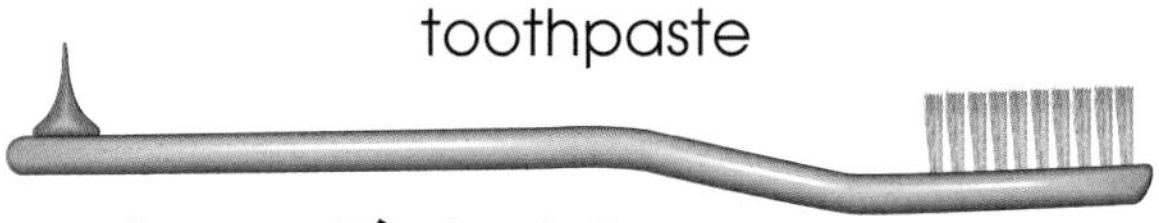

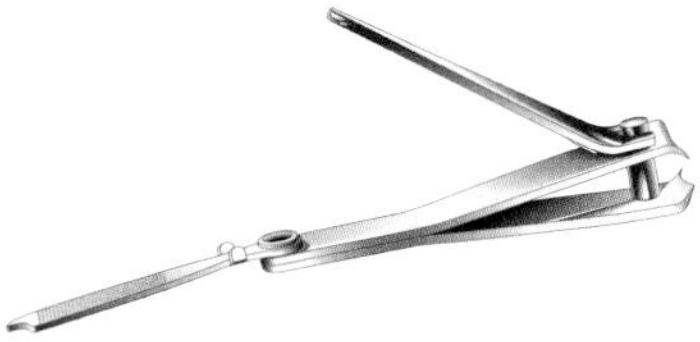

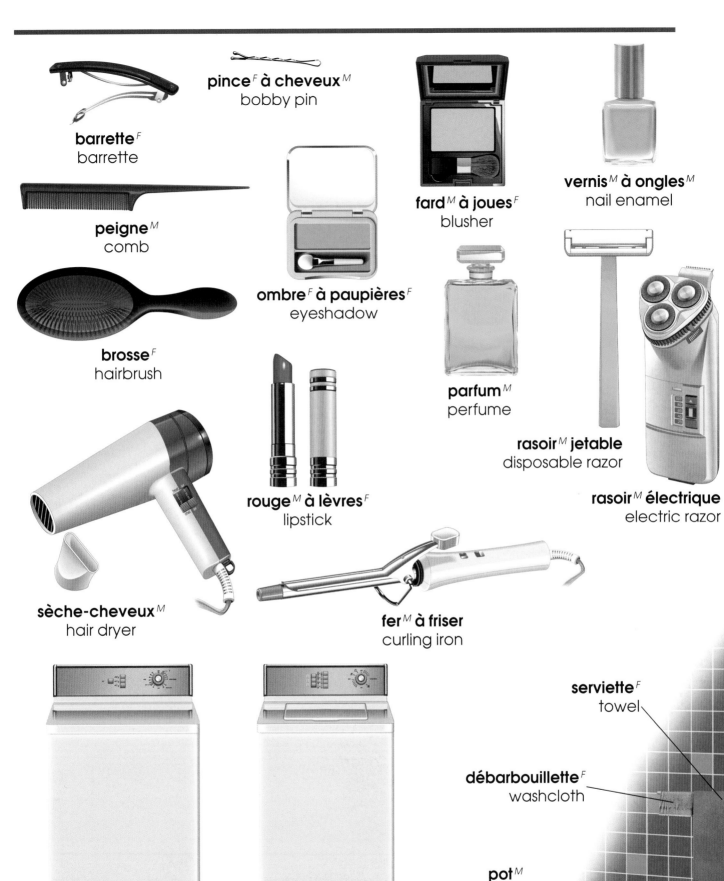

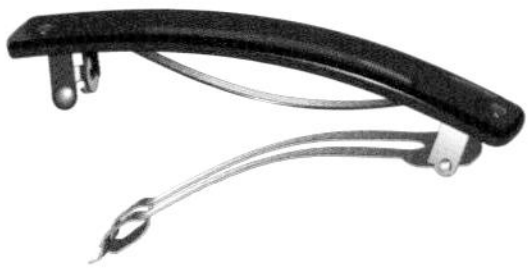

**barrette**[F]
barrette

**pince**[F] **à cheveux**[M]
bobby pin

**fard**[M] **à joues**[F]
blusher

**vernis**[M] **à ongles**[M]
nail enamel

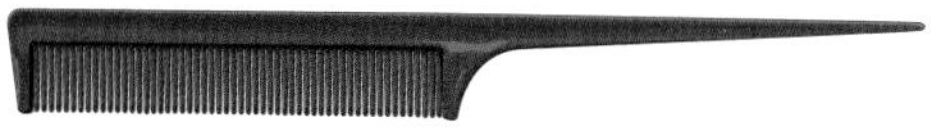

**peigne**[M]
comb

**ombre**[F] **à paupières**[F]
eyeshadow

**brosse**[F]
hairbrush

**parfum**[M]
perfume

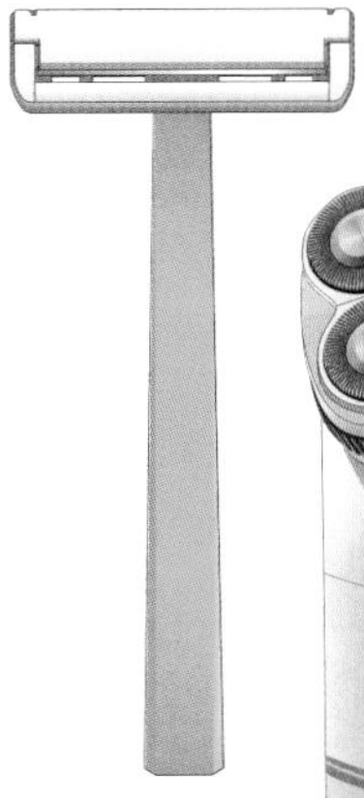

**rasoir**[M] **jetable**
disposable razor

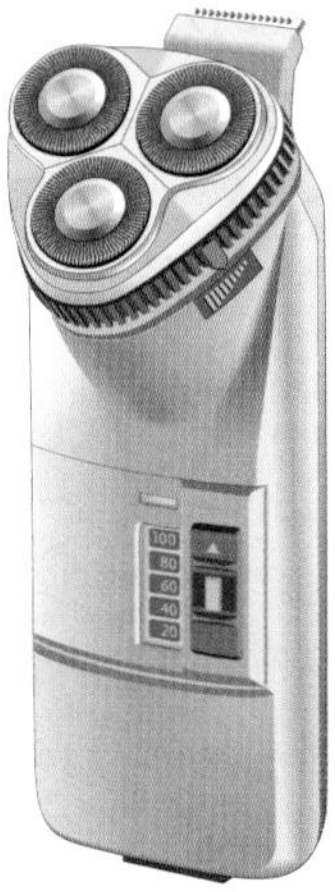

**rasoir**[M] **électrique**
electric razor

**rouge**[M] **à lèvres**[F]
lipstick

**sèche-cheveux**[M]
hair dryer

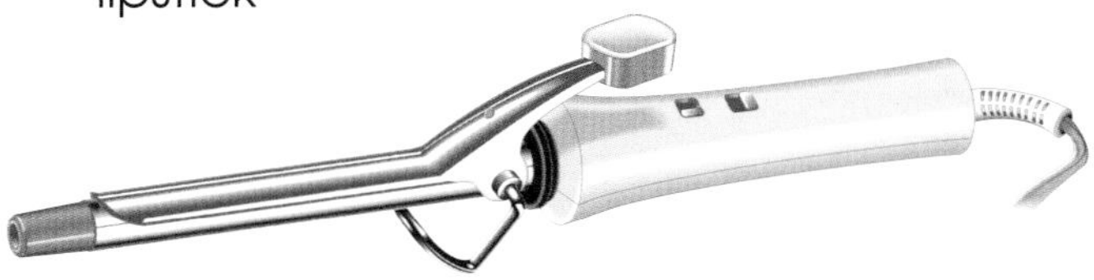

**fer**[M] **à friser**
curling iron

**sécheuse**[F]
dryer

**laveuse**[F]
washer

**serviette**[F]
towel

**débarbouillette**[F]
washcloth

**pot**[M]
potty

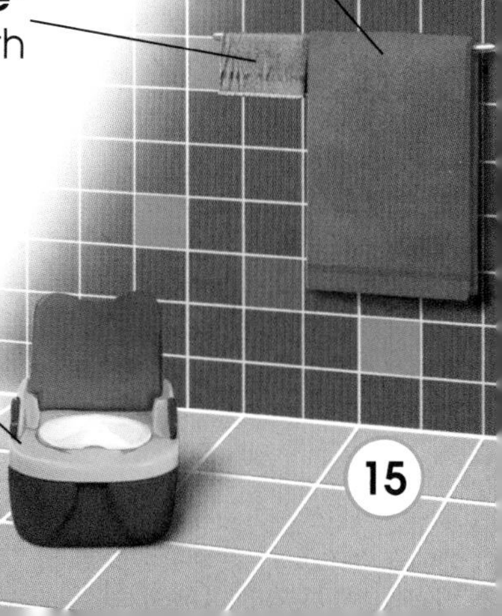

# **Le salon**
# The living room

**ventilateur** *M*
fan

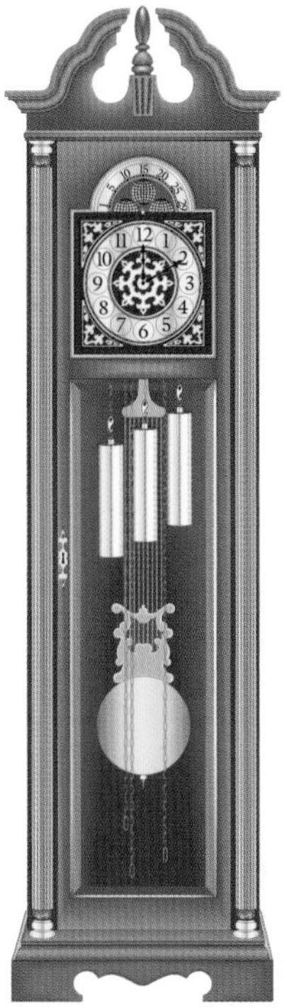

**horloge** *F* **de parquet** *M*
grandfather clock

**fauteuil** *M*
armchair

**pouf** *M*
ottoman

**futon** *M*
futon

**canapé** *M* **convertible**
sofa bed

**chaise** *F* **pliante**
folding chair

**abat-jour** *M*
shade

**socle** *M*
base

**lampadaire** *M*
floor lamp

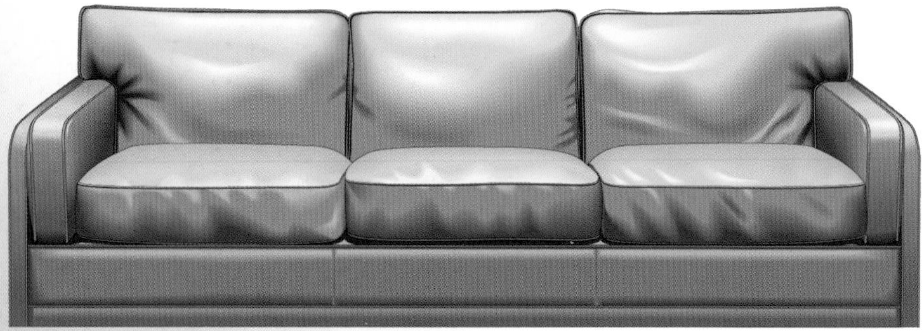

**canapé** *M*
sofa

**foyer** *M*
fireplace

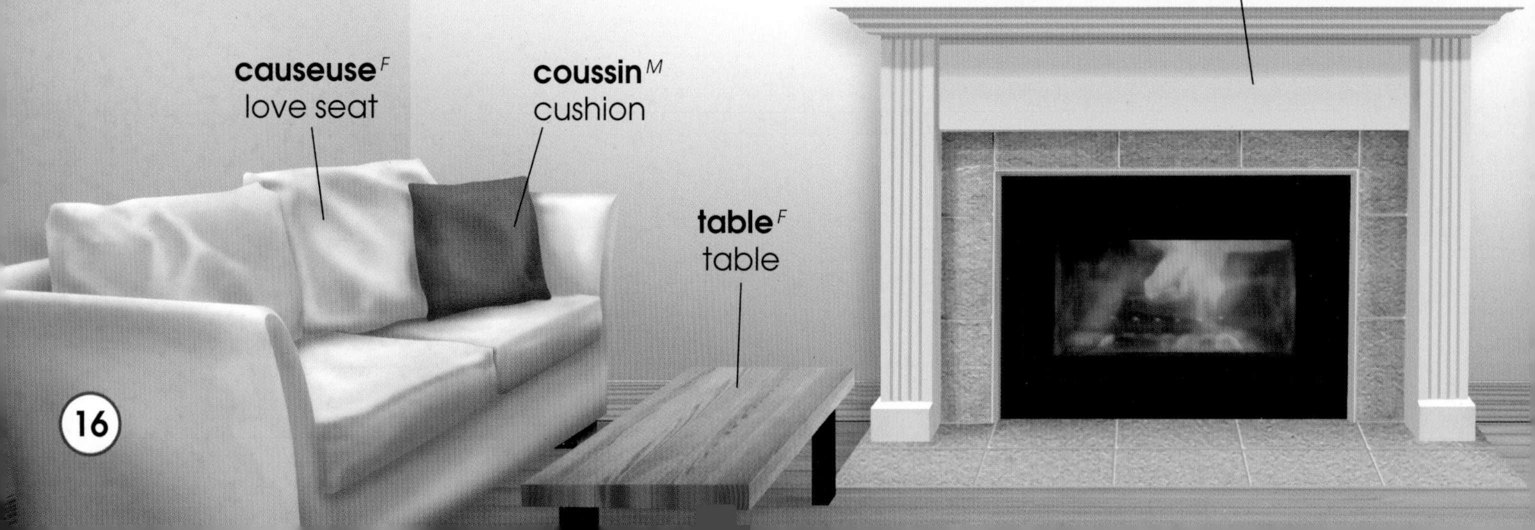

**téléviseur**$^{M}$
television set

**lecteur**$^{M}$ **de DVD**$^{M}$
DVD player

**DVD**$^{M}$
DVD

**télécommande**$^{F}$
remote control

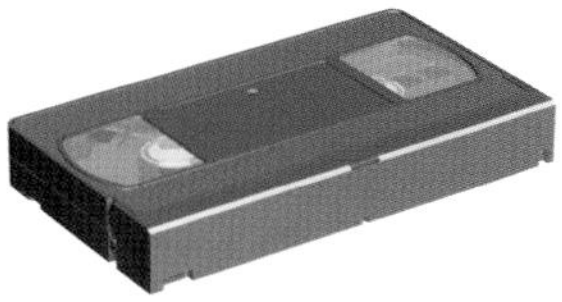

**cassette**$^{F}$ **vidéo**
videocassette

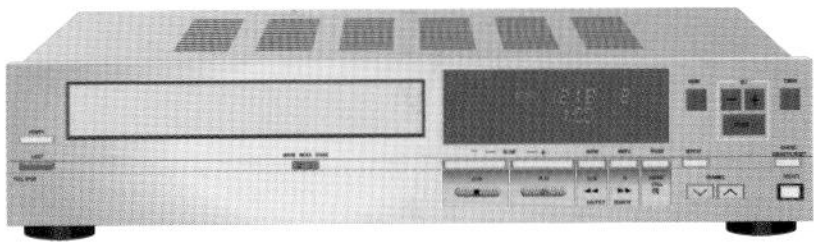

**magnétoscope**$^{M}$
videocassette recorder (VCR)

**téléphone**$^{M}$
telephone

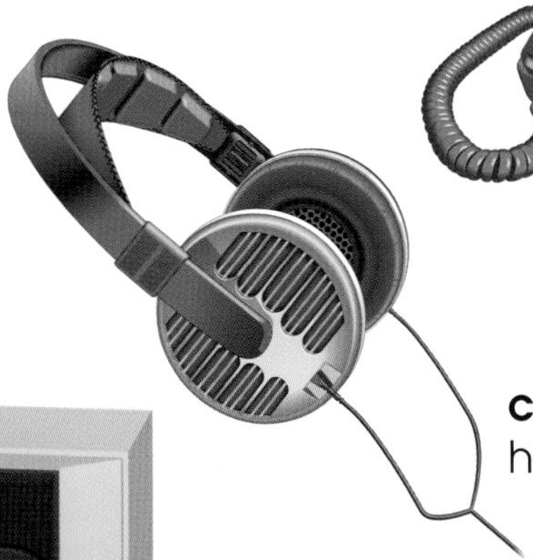

**casque**$^{M}$ **d'écoute**$^{F}$
headphones

**minichaîne**$^{F}$ **stéréo**
mini stereo sound system

**lecteur**$^{M}$ **de disque**$^{M}$ **compact**
compact disc player

**lecteur**$^{M}$ **de cassette**$^{F}$
cassette player

**haut-parleur**$^{M}$
speaker

**livre**$^{M}$
book

**bibliothèque**$^{F}$
bookcase

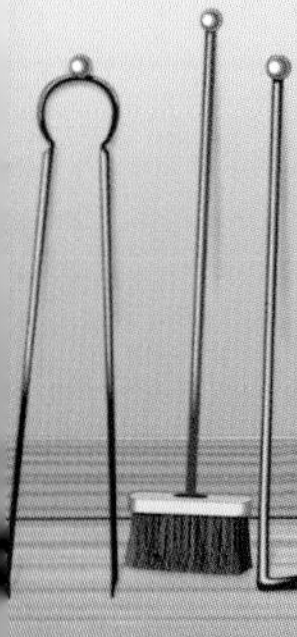

**accessoires**$^{M}$ **de foyer**$^{M}$
fire irons

**porte-bûches**$^{M}$
log carrier

# La salle de jeux
# The playroom

**planche**[F] **à dessiner**
drawing board

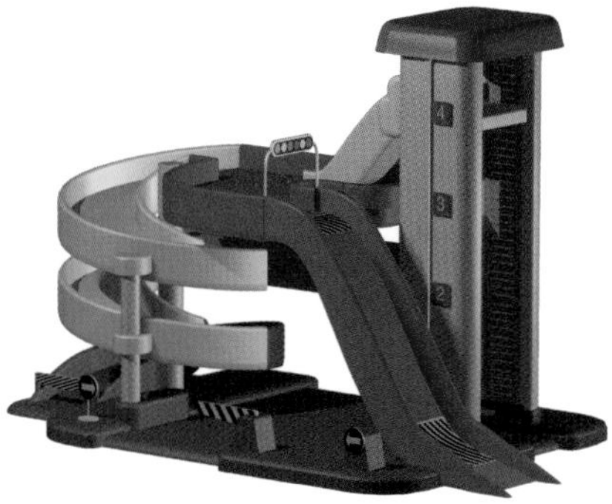

**garage**[M]
garage

**petites voitures**[F]
small cars

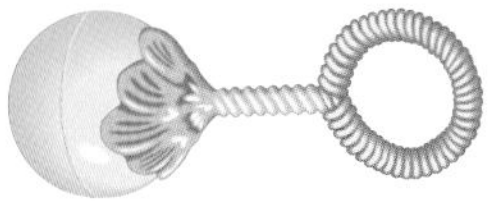

**hochet**[M]
rattle

**pâte**[F] **à modeler**
modeling clay

**personnage**[M] **à assembler**
character set

**train**[M] **miniature**
miniature train

**cheval**[M] **à bascule**[F]
rocking horse

**briques**[F]
blocks

**trotteur**[M]
walker

**poupée**[F]
doll

**poussette**[F]
stroller

**établi**[M]
workbench

**toupie**[F]
spinner

**anneaux**[M] **à empiler**
stackable rings

**cubes**[M]
cubes

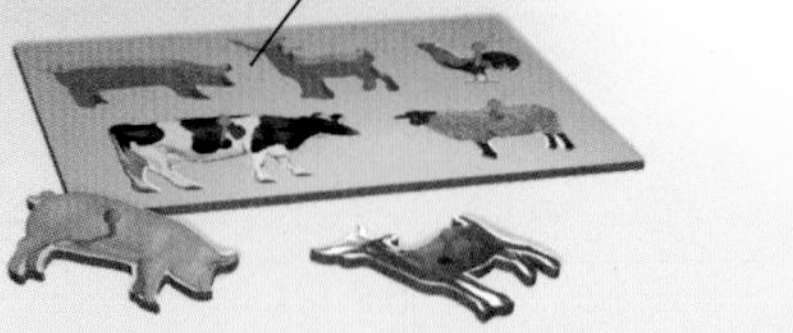

**casse-tête**[M]
jigsaw puzzle

**feutre**$^{M}$
felt tip pen

**pinceau**$^{M}$
brush

**ruban**$^{M}$ **adhésif**
adhesive tape

**chevalet**$^{M}$
easel

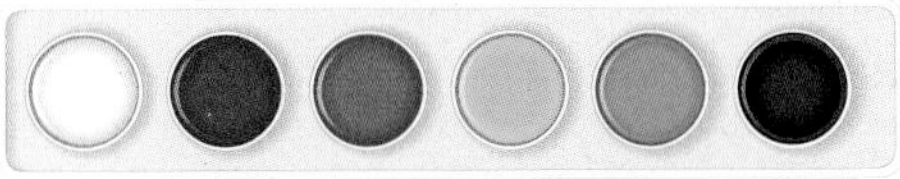

**pastilles**$^{F}$ **d'aquarelle**$^{F}$
watercolor cakes

**bâtonnet**$^{M}$ **de colle**$^{F}$
glue stick

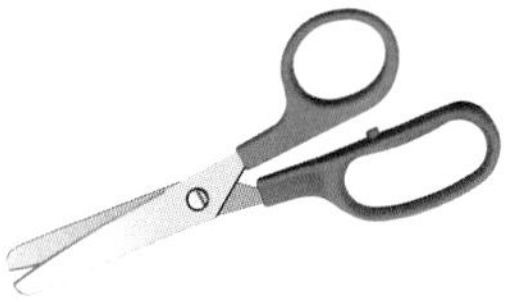

**ciseaux**$^{M}$
scissors

**crayons**$^{M}$ **de couleur**$^{F}$
colored pencils

**bloc**$^{M}$**-notes**$^{F}$
memo pad

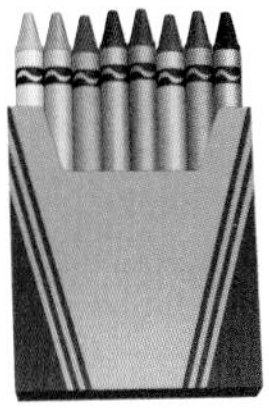

**crayons**$^{M}$ **de cire**$^{F}$
wax crayons

**cartes**$^{F}$
cards

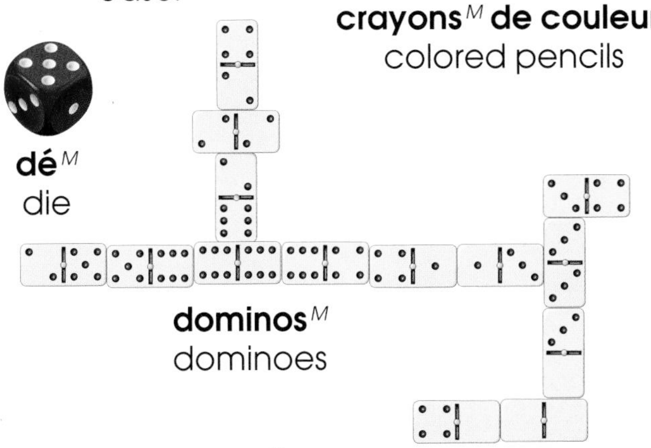

**dé**$^{M}$
die

**dominos**$^{M}$
dominoes

**jeu**$^{M}$ **de fléchettes**$^{F}$
darts

**écran**$^{M}$
visual display

**console**$^{F}$ **de jeu**$^{M}$
game console

**manette**$^{F}$ **de jeu**$^{M}$
controller

**système**$^{M}$ **de jeux**$^{M}$ **vidéo**
video entertainment system

**baby-foot**$^{M}$
soccer table

# La cuisine
## The kitchen

**grille-pain** M
toaster

**bouilloire** F
kettle

**cafetière** F
coffeemaker

**four** M **à micro-ondes** F
microwave oven

**passoire** F
colander

**mélangeur** M
blender

**batteur** M **à main** F
hand mixer

**essoreuse** F **à salade** F
salad spinner

**bols** M **à mélanger**
mixing bowls

**mitaine** F **isolante**
oven mitt

**tablier** M
apron

**congélateur** M
freezer

**armoire** F
cabinet

**évier** M
sink

**réfrigérateur** M
refrigerator

**lave-vaisselle** M
dishwasher

**tiroir** M
drawer

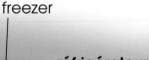

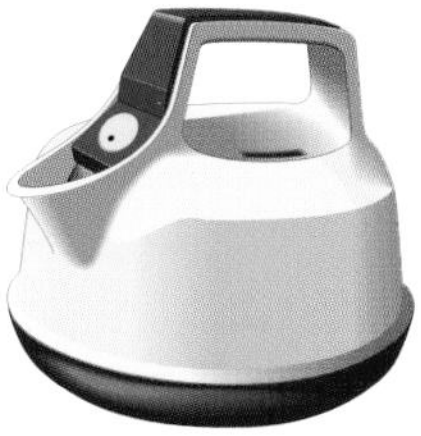

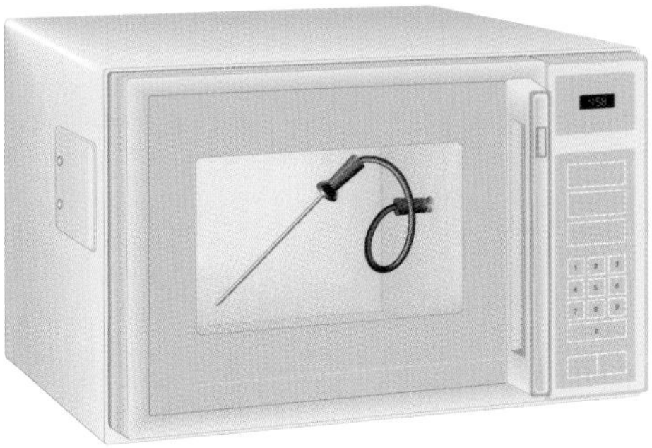

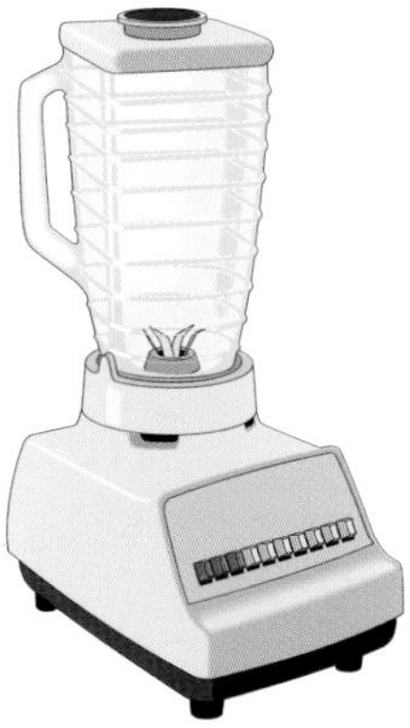

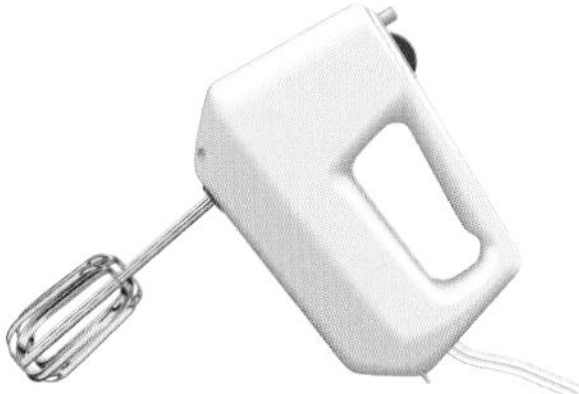

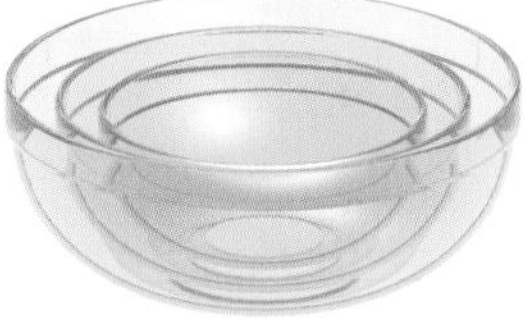

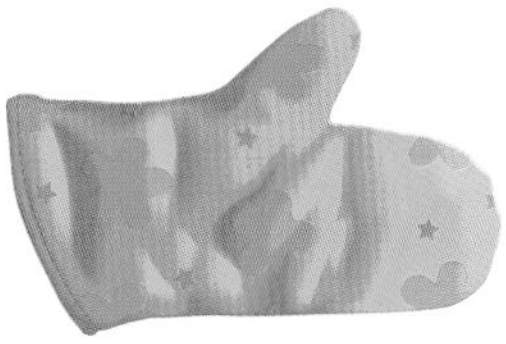

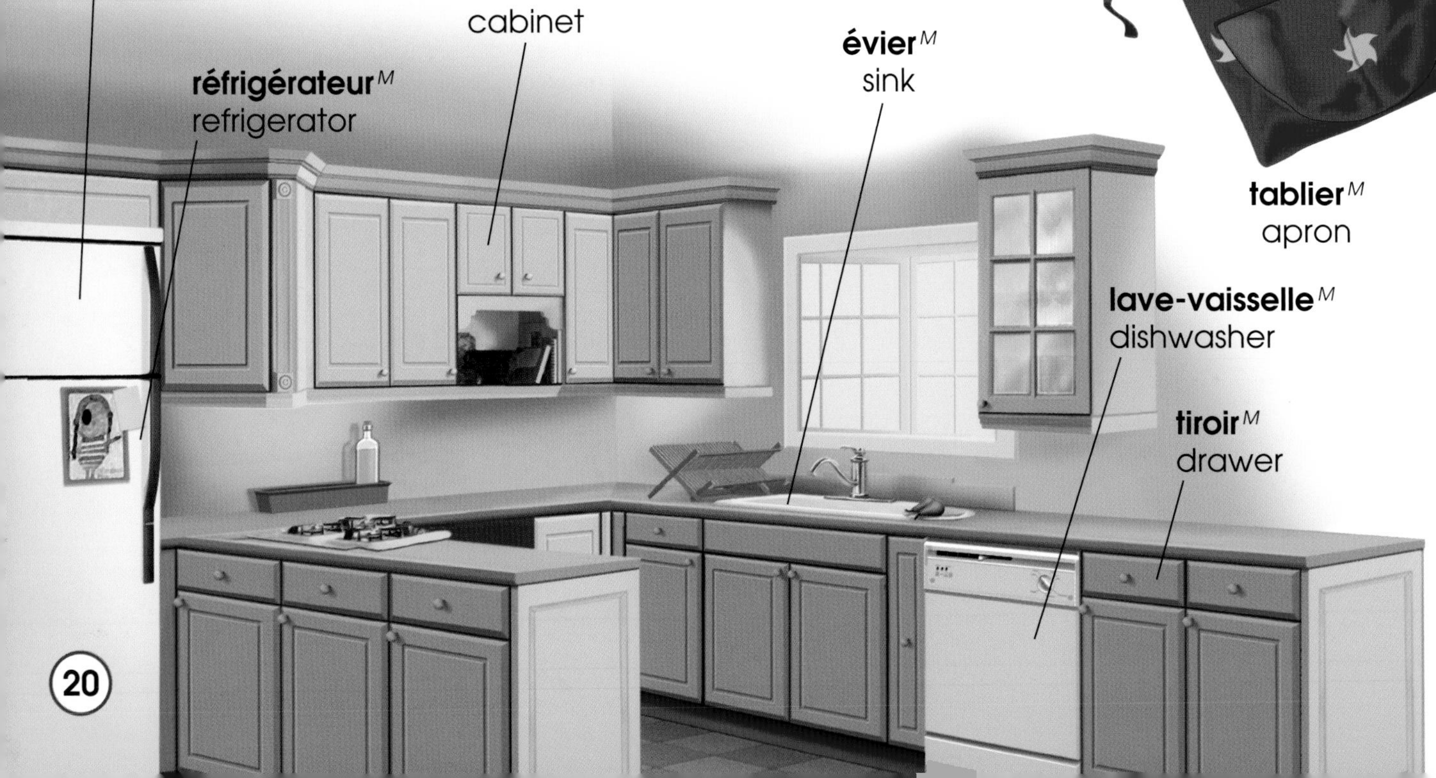

**entonnoir** [M]
funnel

**minuteur** [M]
kitchen timer

**éponge** [F] **à récurer**
scouring pad

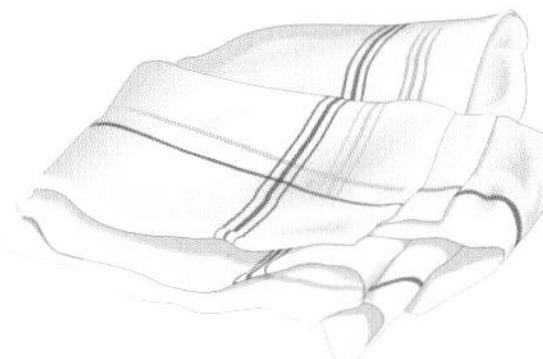

**torchon** [M]
kitchen towel

**tire-bouchon** [M]
corkscrew

**cuillers** [F] **doseuses**
measuring spoons

**tasse** [F] **à mesurer**
measuring cup

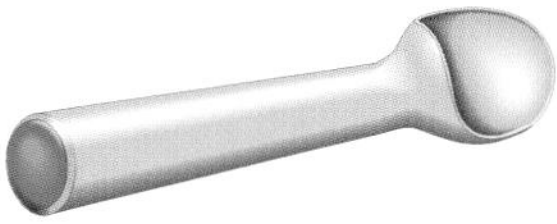

**cuiller** [F] **à crème** [F] **glacée**
ice cream scoop

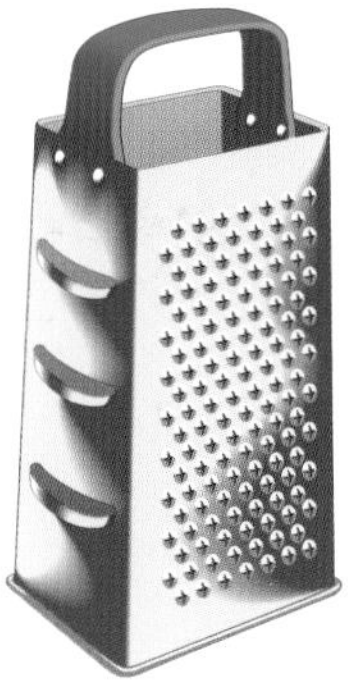

**râpe** [F]
grater

**emporte-pièces** [M]
cookie cutters

**éplucheur** [M]
peeler

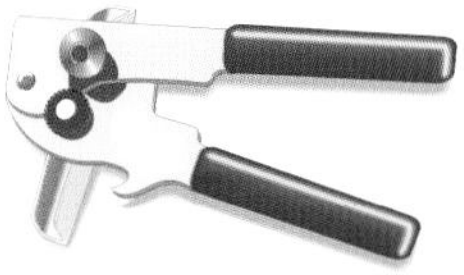

**ouvre-boîtes** [M]
can opener

**couteau** [M] **de cuisine** [F]
kitchen knife

**presse-agrumes** [M]
citrus juicer

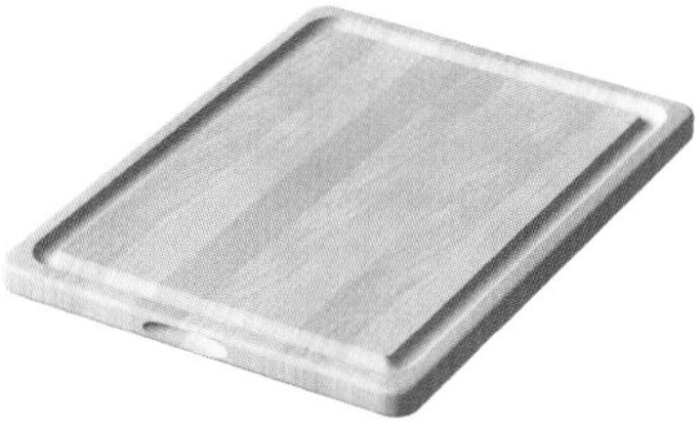

**planche** [F] **à découper**
cutting board

**moule** [M] **à tarte** [F]
pie pan

**rouleau** [M] **à pâtisserie** [F]
rolling pin

**cuisinière** [F] **électrique**
electric range

**serpentin** [M]
surface element

**four** [M]
oven

**poêle** [F] **à frire**
frying pan

**casserole** [F]
saucepan

**marmite** [F]
stock pot

**plaque** [F] **à pâtisserie** [F]
baking sheet

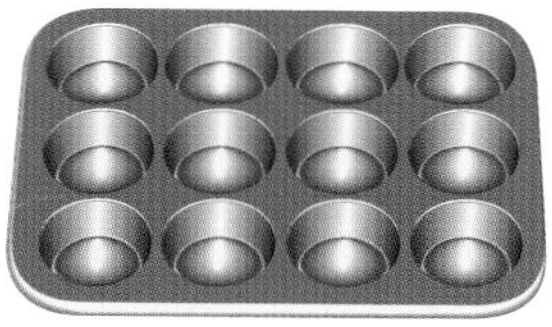

**moule** [M] **à muffins** [M]
muffin pan

# Le repas
# The meal

**gobelet**ᴹ **à bec**ᴹ
spouted cup

**tasse**ᶠ
cup

**verre**ᴹ **à vin**ᴹ
wine glass

**carafon**ᴹ
small decanter

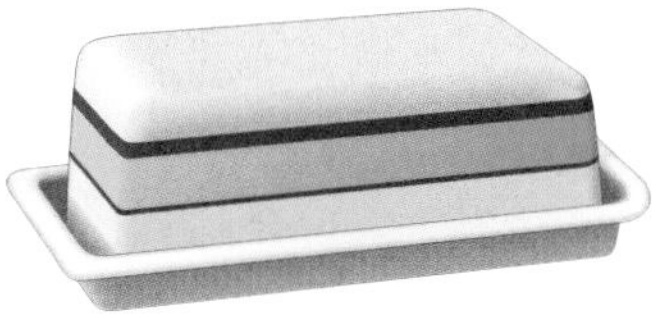

**beurrier**ᴹ
butter dish

**théière**ᶠ
teapot

**sucrier**ᴹ
sugar bowl

**crémier**ᴹ
creamer

**ramequin**ᴹ
ramekin

**pichet**ᴹ
water pitcher

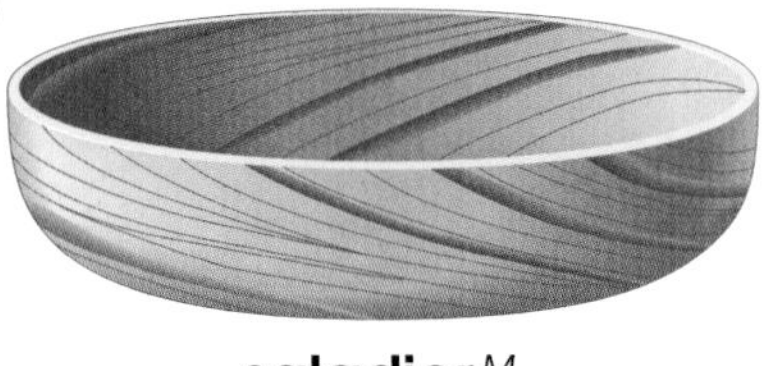

**saladier**ᴹ
salad bowl

**bol**ᴹ
soup bowl

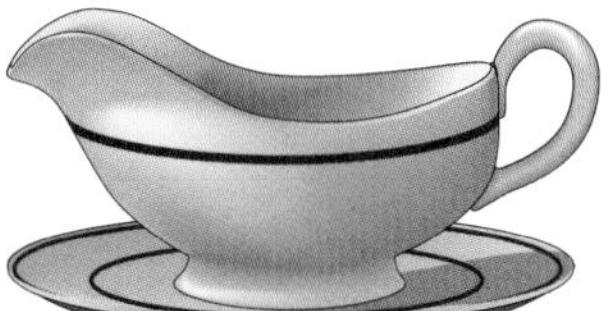

**saucière**ᶠ
gravy boat

**soupière**ᶠ
soup tureen

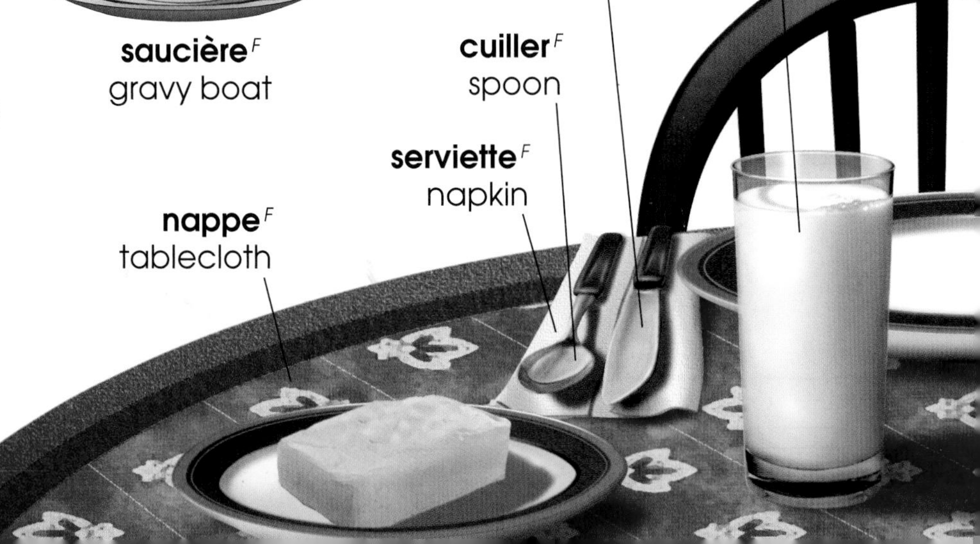

**farine**$^{F}$
flour

**sandwich**$^{M}$
sandwich

**salade**$^{F}$
salad

**steak**$^{M}$
steak

**sucre**$^{M}$
sugar

**pizza**$^{F}$
pizza

**dinde**$^{F}$
turkey

**poisson**$^{M}$
fish

**cassonade**$^{F}$
brown sugar

**ragoût**$^{M}$
stew

**céréales**$^{F}$
cereal

**spaghetti**$^{M}$
spaghetti

**sirop**$^{M}$ **d'érable**$^{M}$
maple syrup

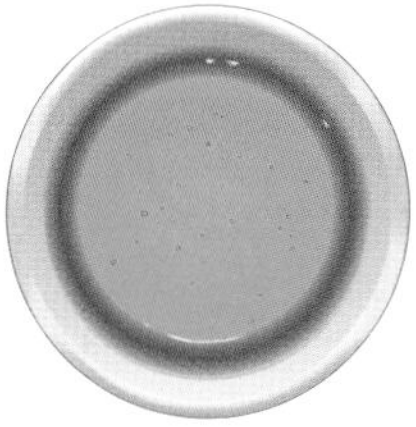

**miel**$^{M}$
honey

**biscuits**$^{M}$
cookies

**crème**$^{F}$ **glacée**
ice cream

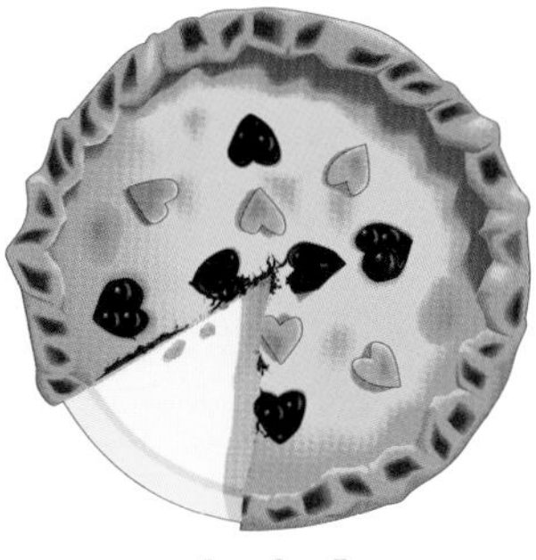

**tarte**$^{F}$
pie

**brioche**$^{F}$
bun

**gâteau**$^{M}$
cake

# Le potager et les légumes
# Garden and vegetables

**asperge** *F*
asparagus

**artichaut** *M*
artichoke

**laitue** *F*
lettuce

**chou** *M*-**fleur** *F*
cauliflower

**épinard** *M*
spinach

**rhubarbe** *F*
rhubarb

**chou** *M*
cabbage

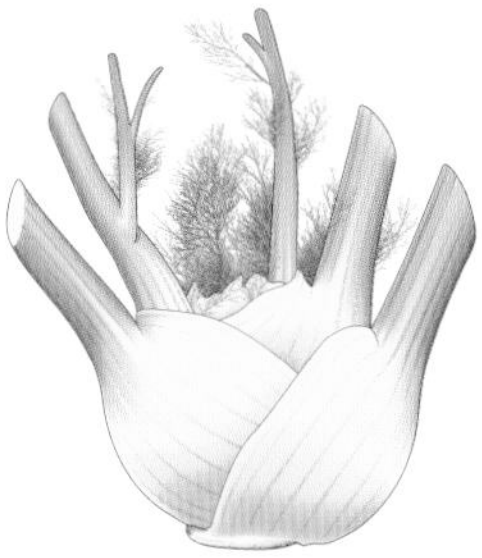

**fenouil** *M*
fennel

**brocoli** *M*
broccoli

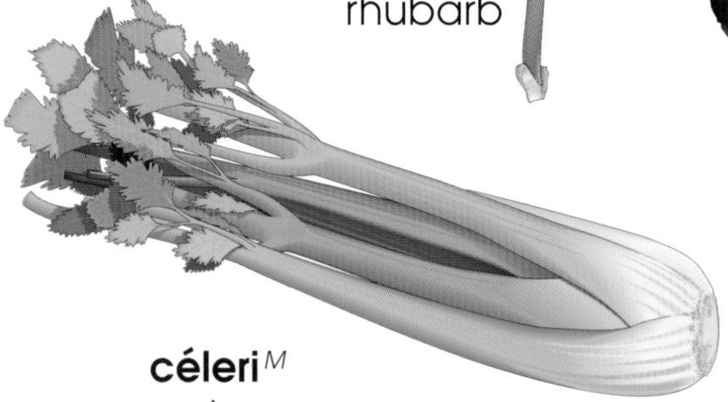

**céleri** *M*
celery

**choux** *M* **de Bruxelles**
Brussels sprouts

**pomme** *F* **de terre** *F*
potato

**carotte** *F*
carrot

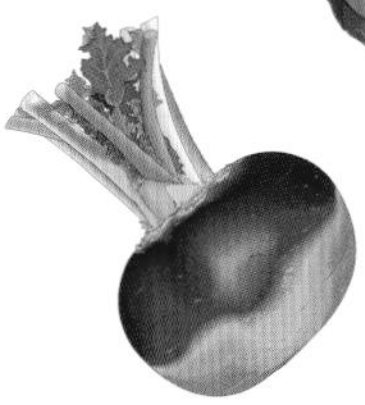

**navet** *M*
turnip

**radis** *M*
radish

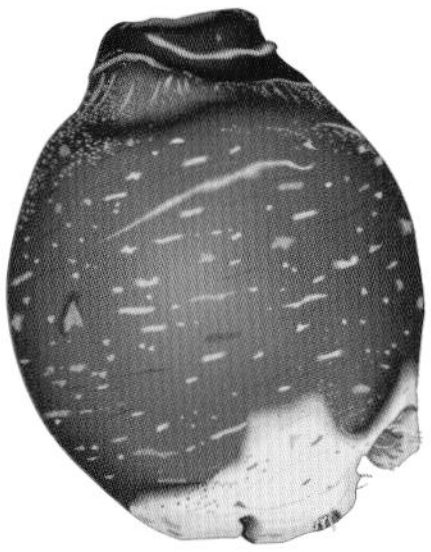

**rutabaga** *M*
rutabaga

**betterave** *F*
beet

**panais** *M*
parsnip

**patate** *F*
sweet potato

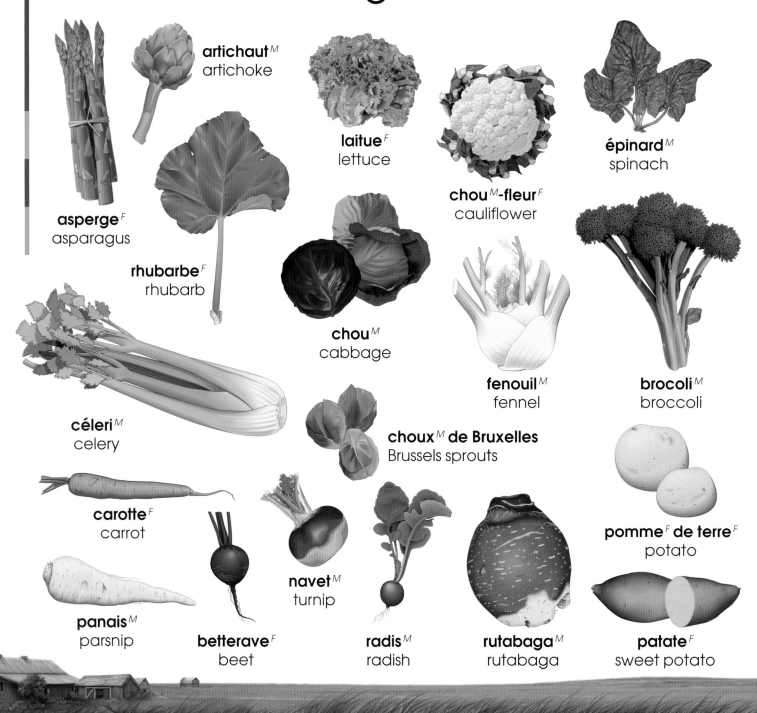

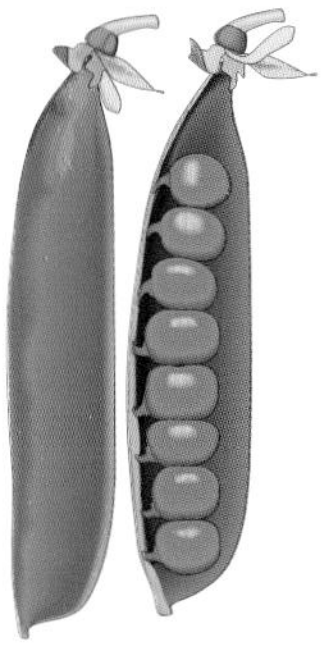

**petits pois**[M]
green peas

**haricot**[M]
bean

**ciboulette**[F]
chive

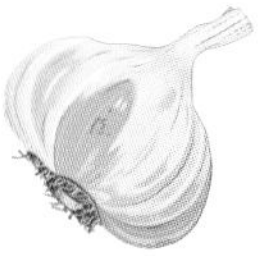

**ail**[M]
garlic

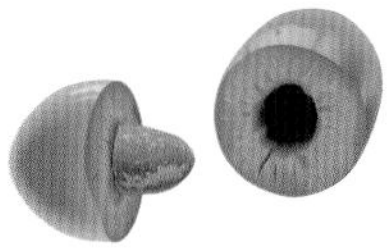

**olive**[F]
olive

**tomate**[F]
tomato

**avocat**[M]
avocado

**germes**[M] **de soya**[M]
soybean sprouts

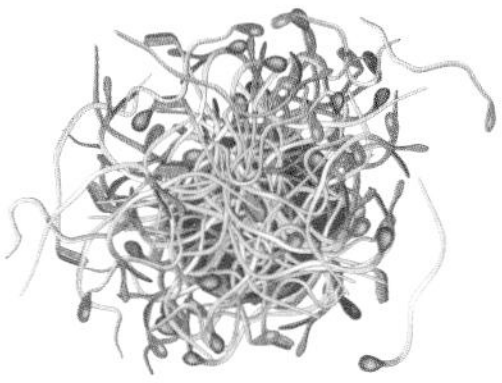

**luzerne**[F]
alfalfa

**cornichon**[M]
gherkin

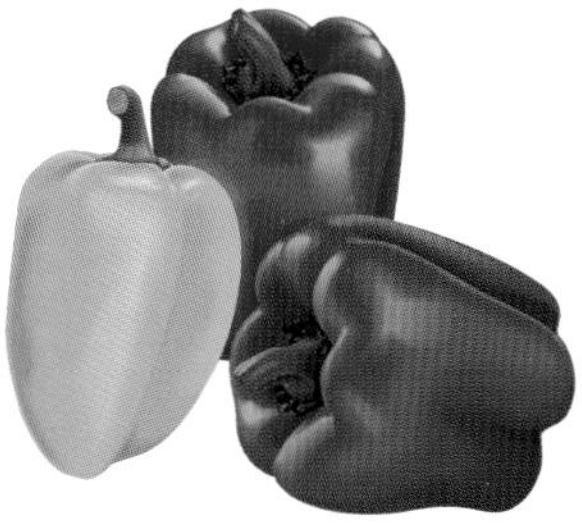

**poivron**[M]
sweet pepper

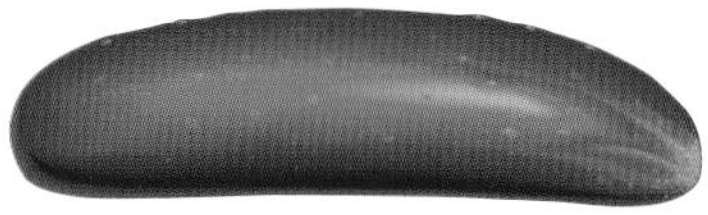

**concombre**[M]
cucumber

**courgette**[F]
zucchini

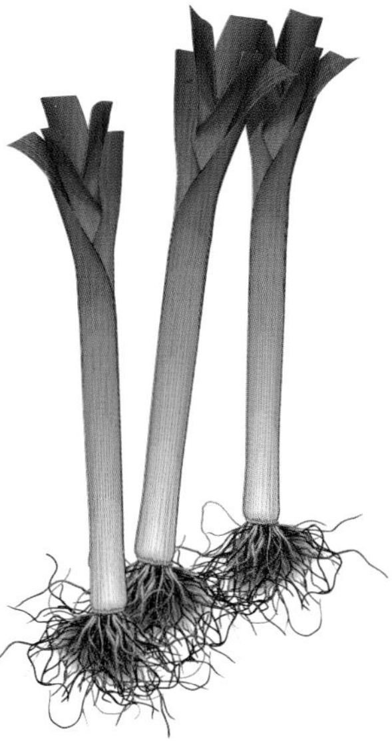

**poireau**[M]
leek

**oignon**[M]
onion

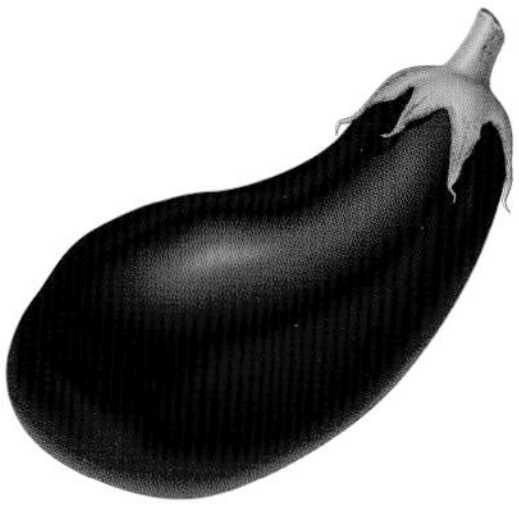

**aubergine**[F]
eggplant

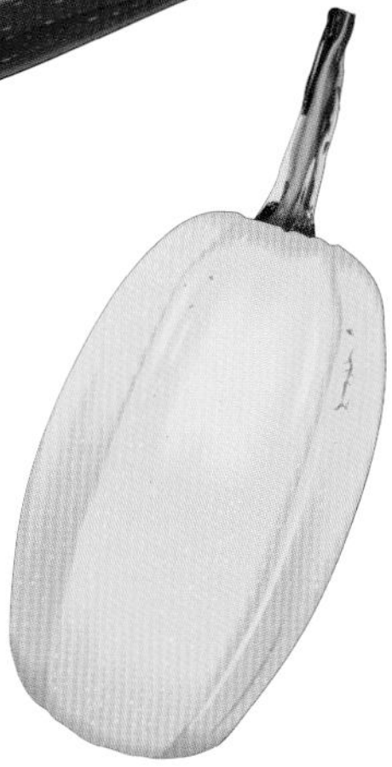

**courge**[F] **spaghetti**[M]
spaghetti squash

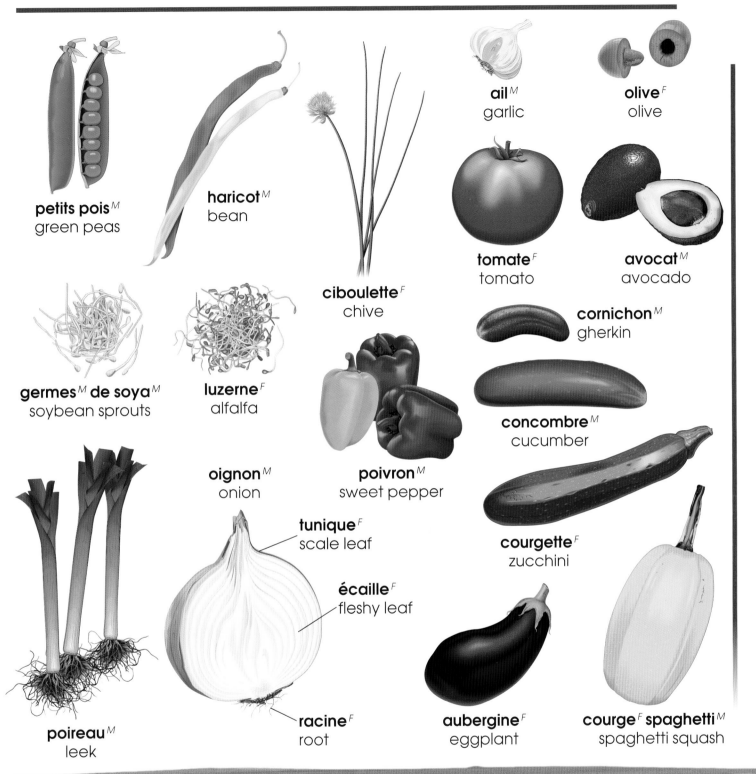

# Les fruits
## Fruits

**coupe**F **d'une pomme**F
section of an apple

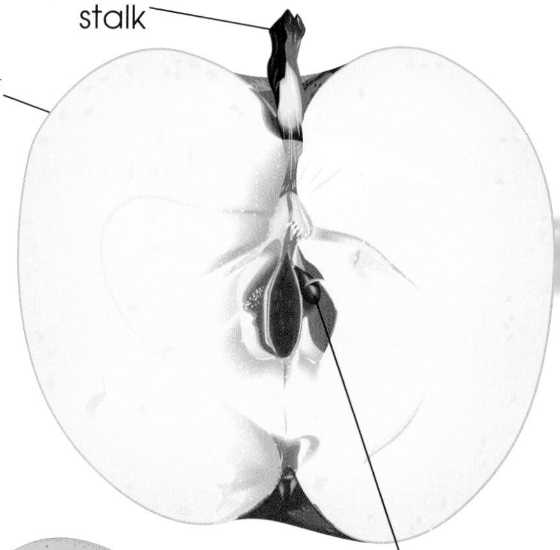

**poire**F
pear

**banane**F
banana

**lime**F
lime

**citron**M
lemon

**pêche**F
peach

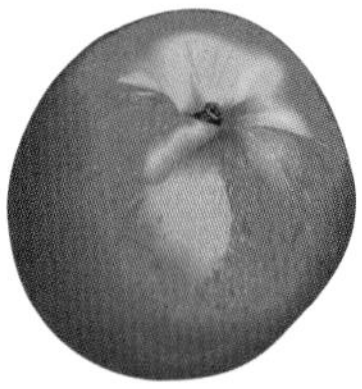

**nectarine**F
nectarine

**melon**M **brodé**
muskmelon

**pamplemousse**M
grapefruit

**melon**M **miel**M
honeydew melon

**abricot**M
apricot

**prune**F
plum

**orange**F
orange

**pomme**F
apple

**fraise**F
strawberry

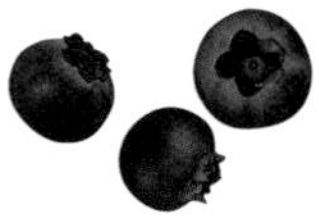

**bleuet**M
blueberry

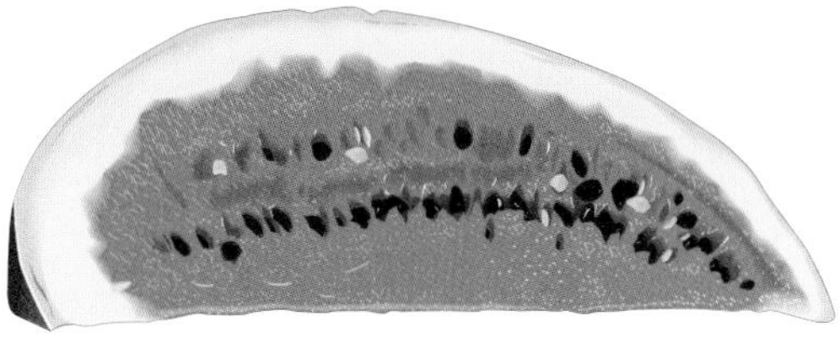

**melon**[M] **d'eau**[F]
watermelon

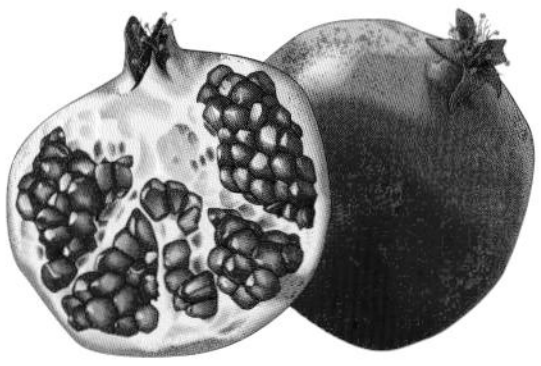

**grenade**[F]
pomegranate

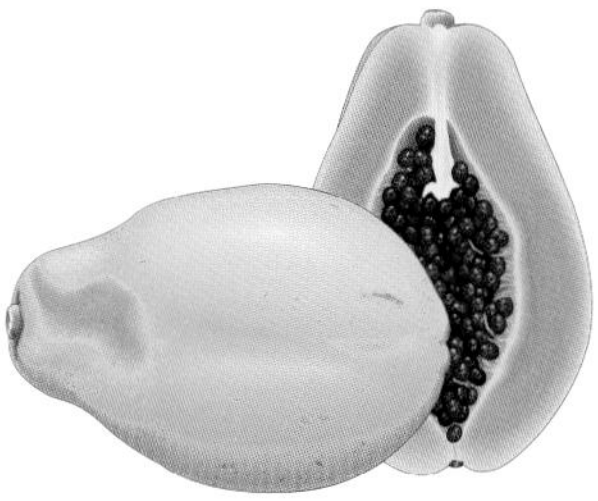

**papaye**[F]
papaya

**ananas**[M]
pineapple

**framboise**[F]
raspberry

**fruit**[M] **de la Passion**[F]
passion fruit

**carambole**[F]
carambola

**kiwi**[M]
kiwi

**canneberge**[F]
cranberry

**mangue**[F]
mango

**raisin**[M]
grape

**figue**[F]
fig

**cassis**[M]
black currant

**cerise**[F]
cherry

**gadelle**[F]
currant

**mûre**[F]
blackberry

**pruneau**[M]
prune

**raisin**[M] **sec**
raisin

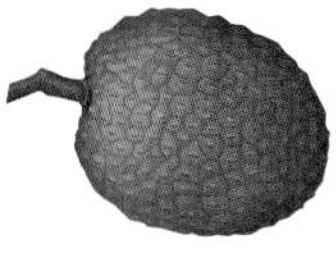

**litchi**[M]
litchi

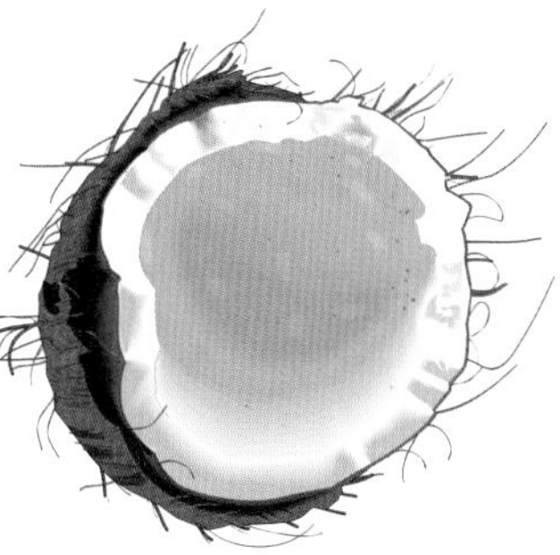

**noix**[F] **de coco**[M]
coconut

**noix**[F]
nuts

**coupe**[F] **d'une orange**[F]
section of an orange

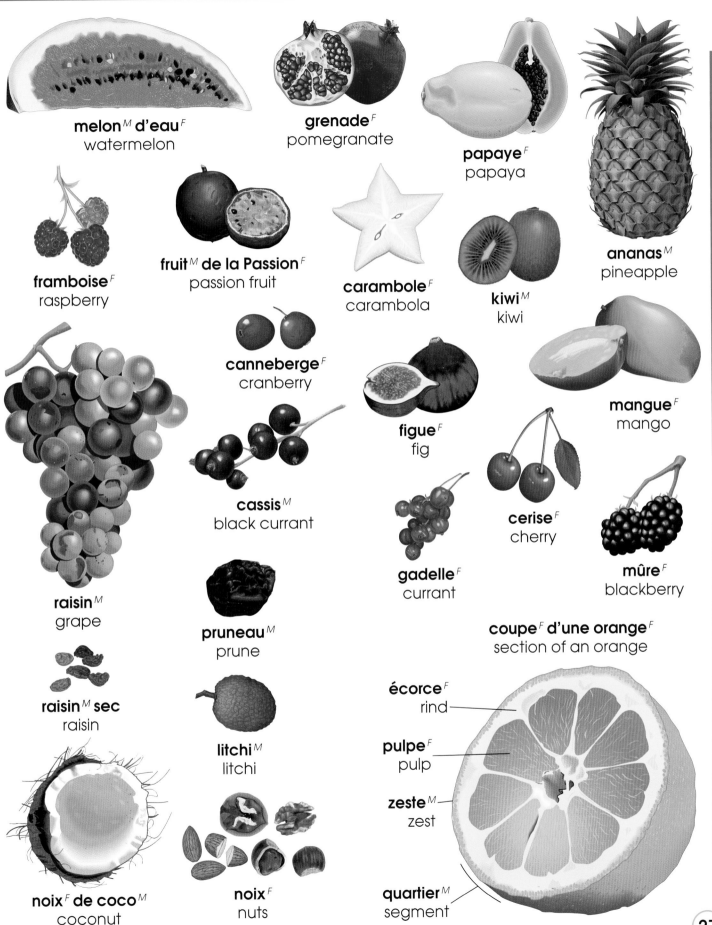

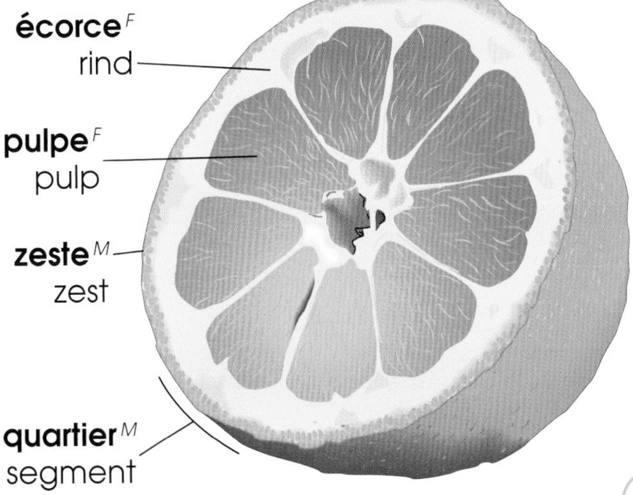

# L'épicerie
## The supermarket

**pâtes**<sup>F</sup> **alimentaires**
pasta

**tortilla**<sup>F</sup>
tortilla

**pain**<sup>M</sup> **pita**
pita bread

**pain**<sup>M</sup> **blanc**
white bread

**baguette**<sup>F</sup>
baguette

**bagel**<sup>M</sup>
bagel

**croissant**<sup>M</sup>
croissant

**riz**<sup>M</sup>
rice

**boîte**<sup>F</sup> **à œufs**<sup>M</sup>
egg carton

**œuf**<sup>M</sup>
egg

**berlingot**<sup>M</sup> **de lait**<sup>M</sup>
milk carton

**fromages**<sup>M</sup>
cheese

**pot**<sup>M</sup> **de crème**<sup>F</sup> **glacée**
ice cream cup

**pot**<sup>M</sup> **de yogourt**<sup>M</sup>
yogurt cup

**petits pots**<sup>M</sup>
small jars

**beurre**<sup>M</sup>
butter

**jus**<sup>M</sup> **de fruits**<sup>M</sup>
fruit juice

**sac**<sup>M</sup> **de congélation**<sup>F</sup>
freezer bag

**épices**<sup>F</sup>
spices

**sac**<sup>M</sup> **de biscuits**<sup>M</sup>
bag of cookies

**boîte**<sup>F</sup> **de conserve**<sup>F</sup>
food can

**papier**<sup>M</sup> **aluminium**<sup>M</sup>
aluminum foil

**pellicule**<sup>F</sup> **plastique**
plastic film

**caisse**<sup>F</sup> **enregistreuse**
cash register

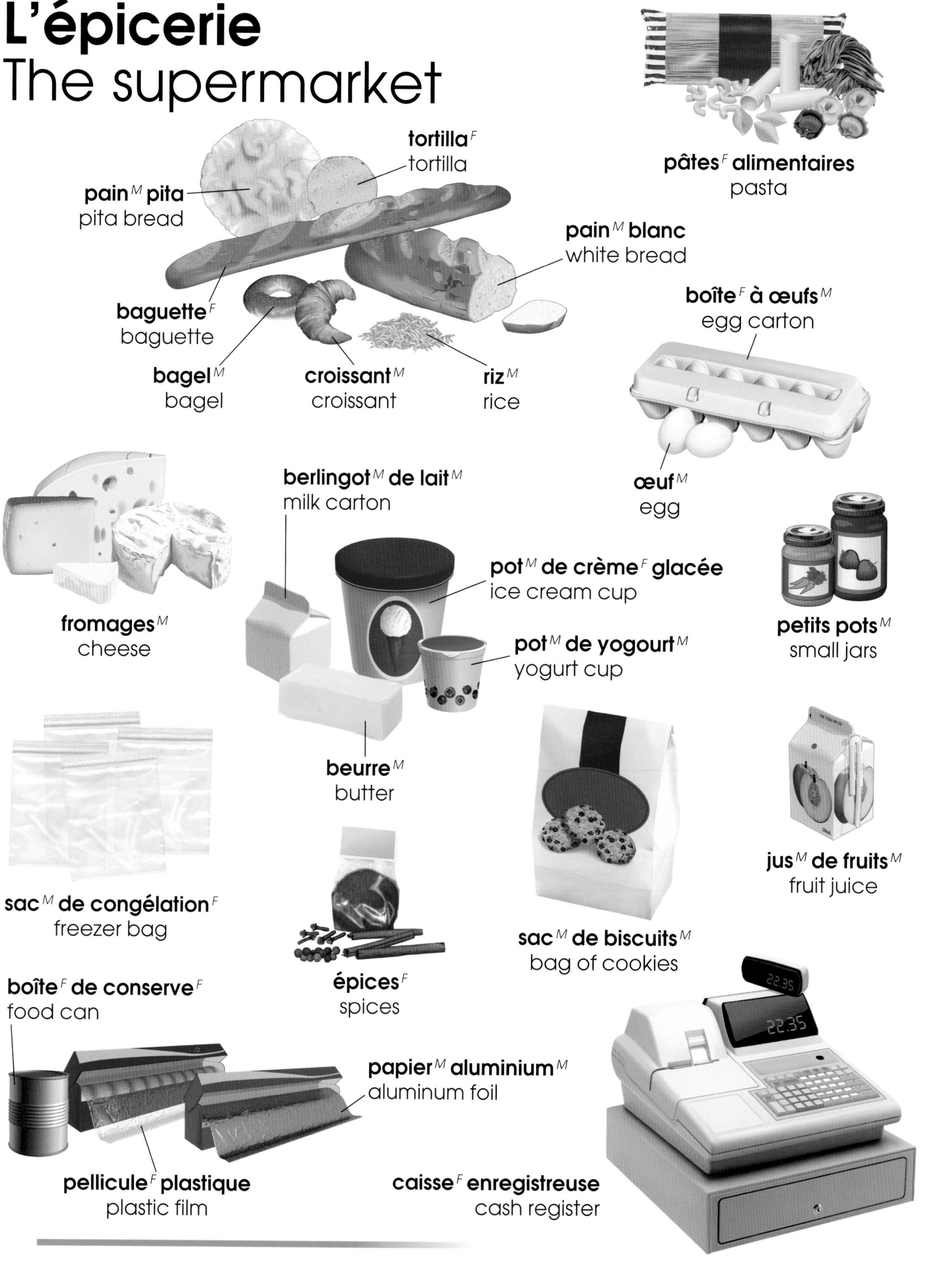

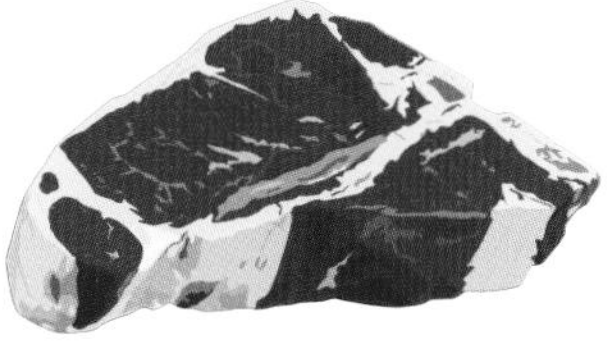

**bifteck** *M*
steak

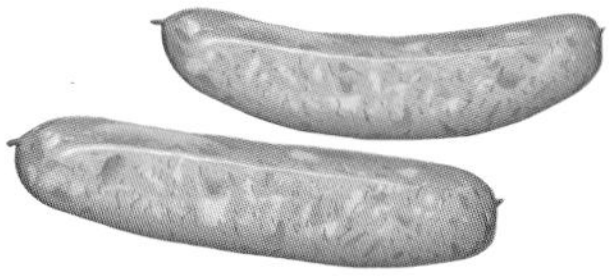

**saucisse** *F*
sausage

**homard** *M*
lobster

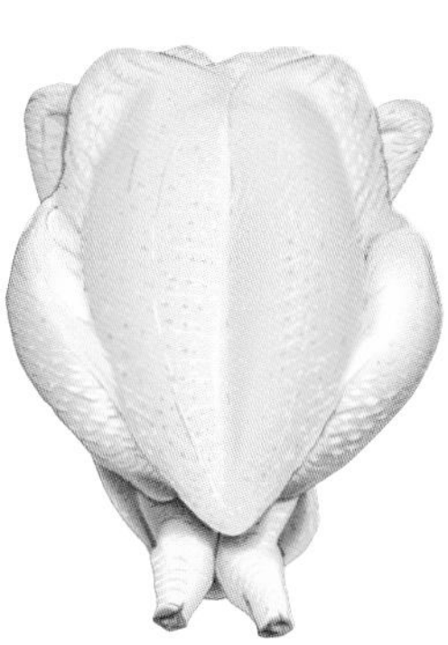

**poulet** *M*
chicken

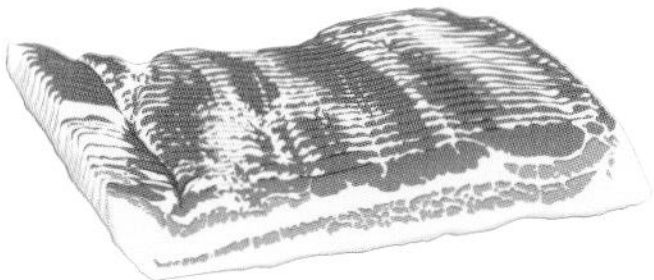

**bacon** *M*
bacon

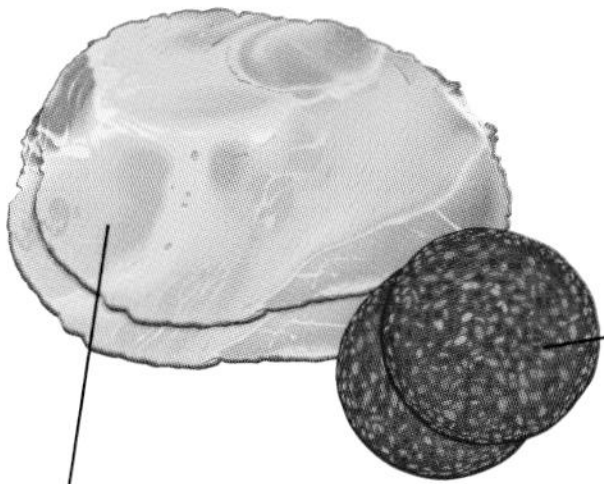

**salami** *M*
salami

**jambon** *M* **cuit**
cooked ham

**tablette** *F* **de chocolat** *M*
chocolate bar

**bonbons** *M*
candies

**saumon** *M*
salmon

**moule** *F*
mussel

**huître** *F*
oyster

**comptoir** *M* **vitré**
counter

**ketchup** *M*
ketchup

**vinaigre** *M* **de vin** *M*
wine vinegar

**huile** *F* **d'olive** *F*
olive oil

**chariot** *M*
shopping cart

**panier** *M*
shopping basket

# Les animaux familiers
## Familiar animals

**tortue**$^F$
turtle

**perruche**$^F$
budgie

**cage**$^F$
cage

**bocal**$^M$
jar

**serin**$^M$
canary

**poisson**$^M$ **rouge**
goldfish

**hamster**$^M$
hamster

**perroquet**$^M$
parrot

**cobaye**$^M$
guinea pig

**rat**$^M$
rat

**vivarium**$^M$
vivarium

**caméléon**$^M$
chameleon

**lapin**$^M$
rabbit

**chat**$^M$
cat

**branche**$^F$
branch

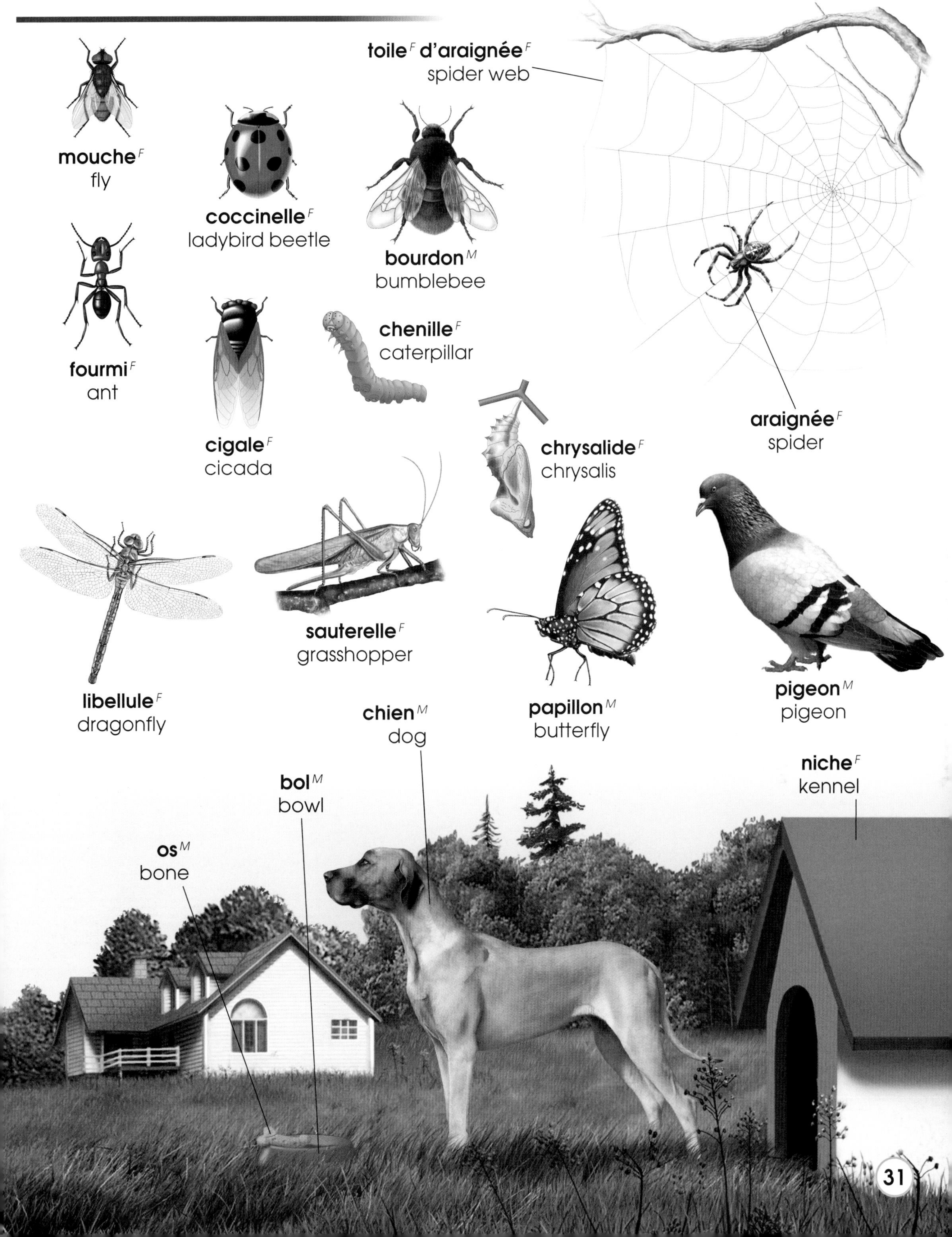
toile[F] d'araignée[F]
spider web
mouche[F]
fly
coccinelle[F]
ladybird beetle
bourdon[M]
bumblebee
fourmi[F]
ant
cigale[F]
cicada
chenille[F]
caterpillar
chrysalide[F]
chrysalis
araignée[F]
spider
libellule[F]
dragonfly
sauterelle[F]
grasshopper
papillon[M]
butterfly
pigeon[M]
pigeon
chien[M]
dog
niche[F]
kennel
bol[M]
bowl
os[M]
bone

# La ferme
## The farm

**caille**$^F$
quail

**autruche**$^F$
ostrich

**poussin**$^M$
chick

**dindon**$^M$
turkey

**canard**$^M$
duck

**oie**$^F$
goose

**poule**$^F$
hen

**cheval**$^M$
horse

**crinière**$^F$
mane

**chèvre**$^F$
goat

**mouton**$^M$
sheep

**queue**$^F$
tail

**âne**$^M$
ass

**porc**$^M$
pig

**sabot**$^M$
hoof

**fer**$^M$ **à cheval**$^M$
horseshoe

**poulailler**$^M$
hen house

**tracteur**$^M$
tractor

**coq**$^M$
rooster

**vache**$^F$
cow

**maïs** [M]
corn

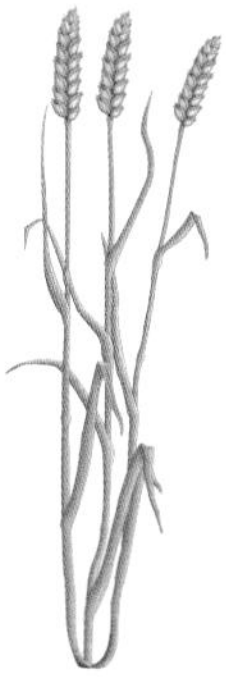

**blé** [M]
wheat

**millet** [M]
millet

**orge** [F]
barley

**avoine** [F]
oats

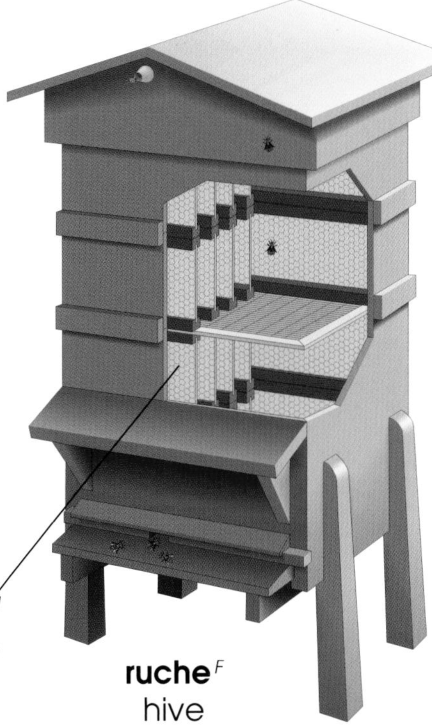

**rayon** [M] **de miel** [M]
honeycomb

**ruche** [F]
hive

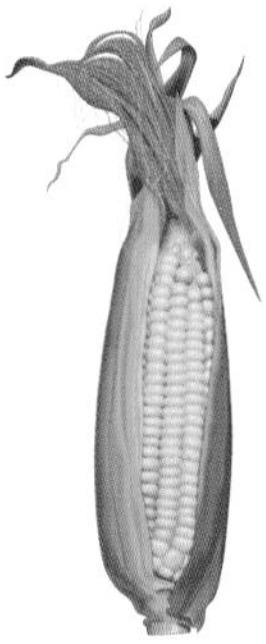

**épi** [M] **de maïs** [M]
corncob

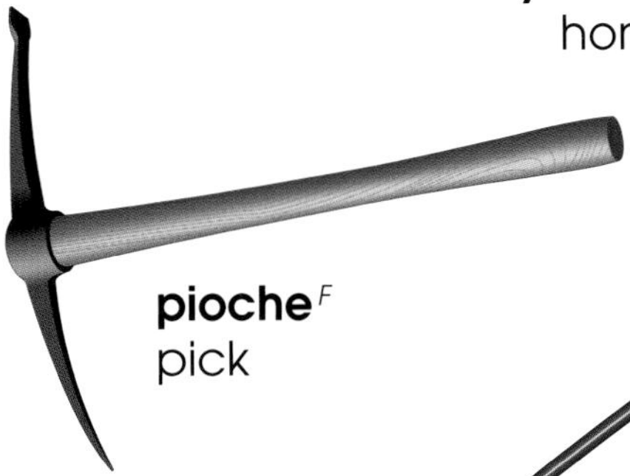

**pioche** [F]
pick

**abeille** [F]
honeybee

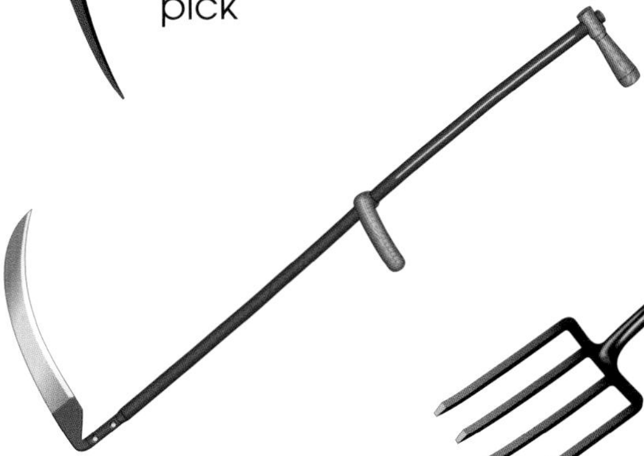

**faux** [F]
scythe

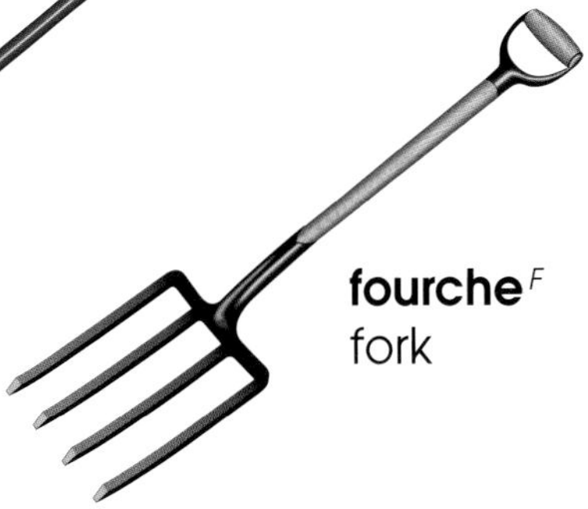

**fourche** [F]
fork

**veau** [M]
calf

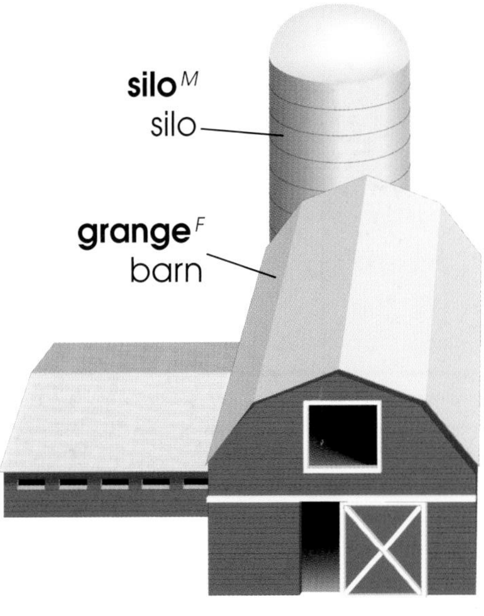

**silo** [M]
silo

**grange** [F]
barn

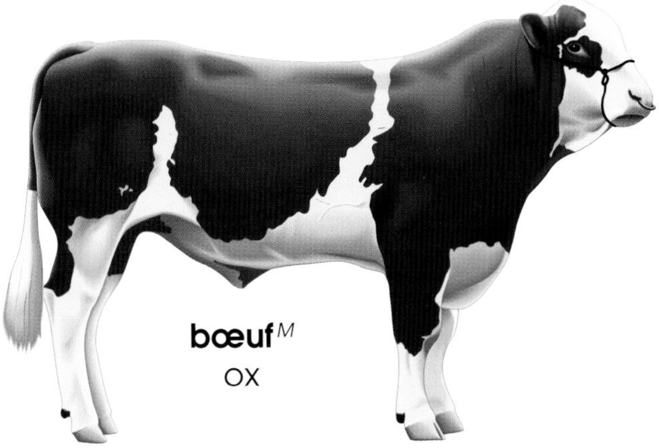

**bœuf** [M]
ox

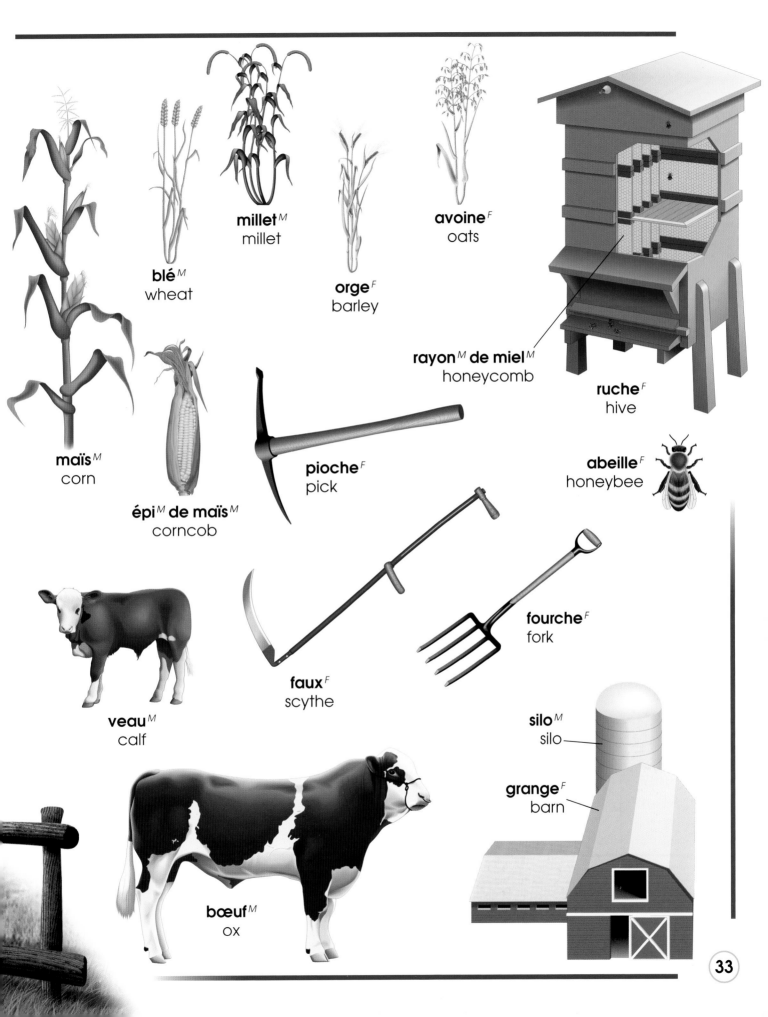

# La forêt
## The forest

**arbre** $^M$
tree

**feuillage** $^M$
foliage

**ramure** $^F$
branches

**champignon** $^M$
mushroom

**fougère** $^F$
fern

**cône** $^M$
cone

**épinette** $^F$
spruce

**tronc** $^M$
trunk

**racine** $^F$
root

**érable** $^M$
maple

**chêne** $^M$
oak

**bouleau** $^M$
birch

**peuplier** $^M$
poplar

**pin** $^M$
pine

**sapin** $^M$
fir

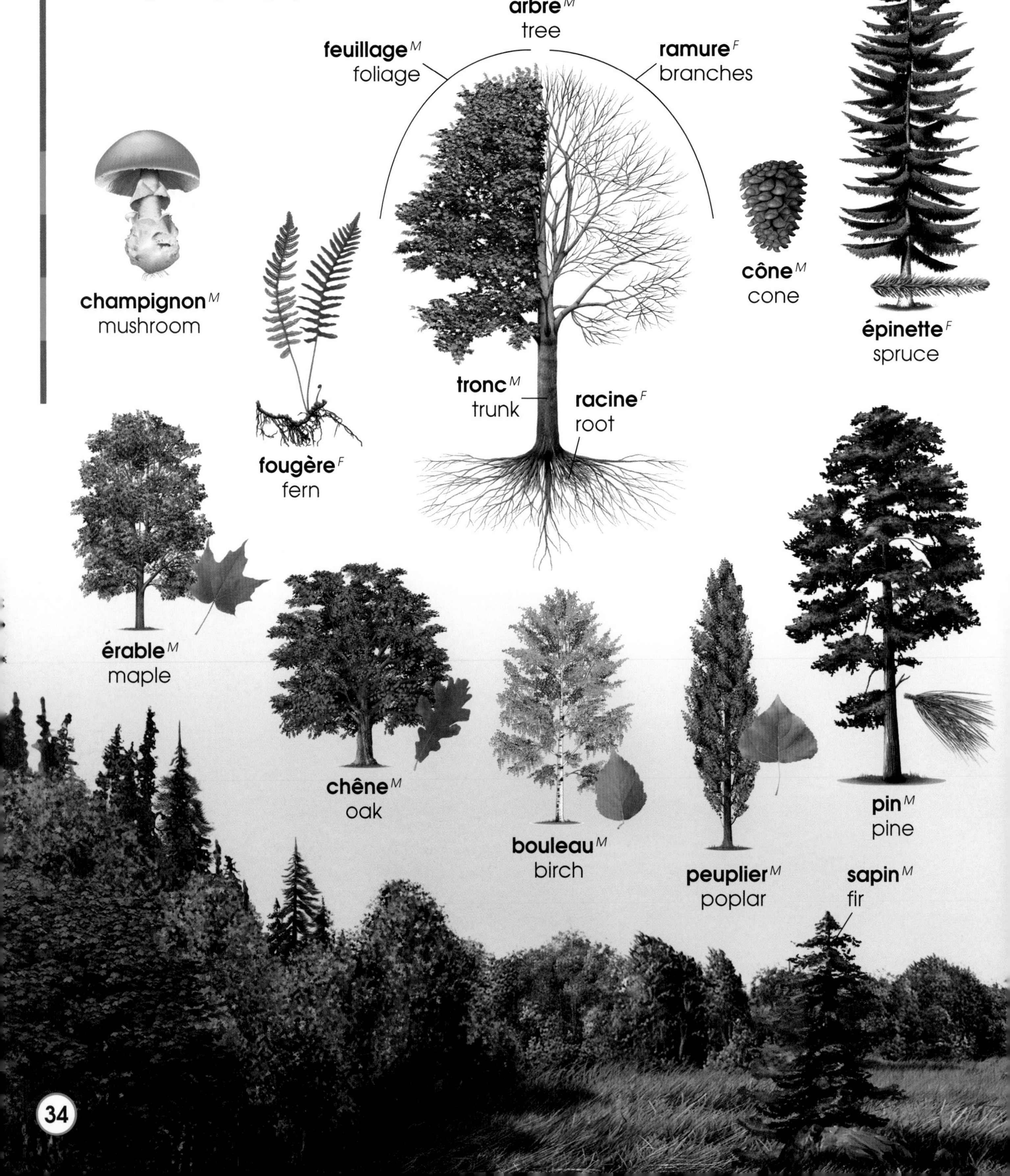

**moineau**[M]
sparrow
**rouge-gorge**[M]
robin
**chardonneret**[M]
goldfinch
**geai**[M]
jay
**hibou**[M]
owl
**faucon**[M]
falcon
**pic**[M]
woodpecker
**mulot**[M]
field mouse
**grenouille**[F]
frog
**moufette**[F]
skunk
**porc-épic**[M]
porcupine
**tamia**[M]
chipmunk
**écureuil**[M]
squirrel
**lièvre**[M]
hare
**couleuvre**[F]
snake
**loup**[M]
wolf
**castor**[M]
beaver
**orignal**[M]
moose
**ours**[M]
bear
**chevreuil**[M]
deer

# Le désert et la savane
# The desert and the savannah

**tique**^F
tick

**mygale**^F
tarantula

**gerboise**^F
jerboa

**lézard**^M
lizard

**poche**^F
pouch

**kangourou**^M
kangaroo

**scorpion**^M
scorpion

**pince**^F
claw

**vautour**^M
vulture

**serpent**^M **à sonnette**^F
rattlesnake

**dromadaire**^M
dromedary camel

**chameau**^M
bactrian camel

**fennec**^M
fennec

**girafe** F
giraffe

**hyène** F
hyena

**crocodile** M
crocodile

**léopard** M
leopard

**tigre** M
tiger

**lion** M
lion

**gorille** M
gorilla

**éléphant** M
elephant

**hippopotame** M
hippopotamus

**antilope** F
antelope

**zèbre** M
zebra

**rhinocéros** M
rhinoceros

# La mer
# The sea

**écran**[M] **solaire**
sunscreen

**oursin**[M]
sea urchin

**étoile**[F] **de mer**[F]
starfish

**masque**[M]
mask

**lunettes**[F] **de soleil**[M]
sunglasses

**phoque**[M]
seal

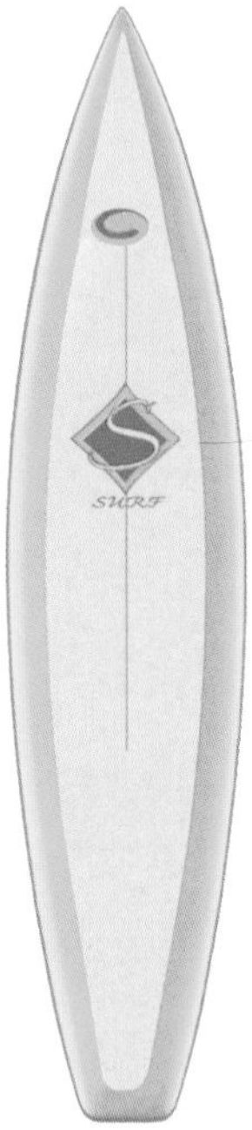

**planche**[F] **de surf**[M]
surfboard

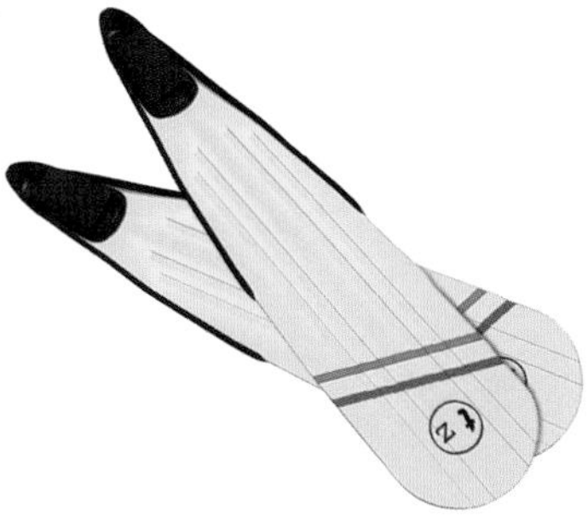

**palmes**[F]
fins

**poisson**[M]**-papillon**[M]
butterfly fish

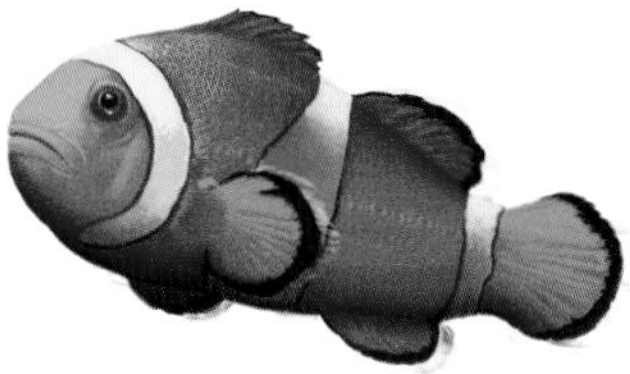

**poisson**[M]**-clown**[M]
clown fish

**serviette**[F] **de plage**[F]
beach towel

**algue**[F]
alga

**coquillages**[M]
seashells

**requin**[M]
shark

**pelle**[F]
shovel

**seau**[M]
bucket

**château**[M] **de sable**[M]
sand castle

raie F
skate
hippocampe M
sea horse
dauphin M
dolphin
palmier M
palm tree
crabe M
crab
pélican M
pelican
baleine F
whale
tentacule M
tentacle
ventouse F
sucker
pieuvre F
octopus
parasol M
beach umbrella
goéland M
gull

# Les dinosaures
Dinosaurs

**stégosaure** *M*
stegosaurus

**allosaure** *M*
allosaurus

**pachycephalosaure** *M*
pachycephalosaurus

**hadrosaure** *M*
hadrosaurus

**deinonychus** *M*
deinonychus

**brachiosaure** *M*
brachiosaurus

**ankylosaure** *M*
ankylosaurus

**rhamphorynchus** *M*
rhamphorynchus
**spinosaure** *M*
spinosaurus
**diplodocus** *M*
diplodocus
**tyrannosaure** *M*
tyrannosaurus
**parasauroloph** *M*
parasauroloph
**tricératops** *M*
triceratops

# Les plantes
## Plants

**pissenlit** M
dandelion

**chardon** M
thistle

**orchidée** F
orchid

**muguet** M
lily of the valley

**pétale** M
petal

**œillet** M
carnation

**marguerite** F
daisy

**crocus** M
crocus

**jonquille** F
daffodil

**rose** F
rose

**coquelicot** M
poppy

**lis** M
lily

**tulipe** F
tulip

**bassin** M
pond

**arbuste** M
bush

**allée** F
path

**tournesol** M
sunflower

**arrosoir**$^{M}$
watering can

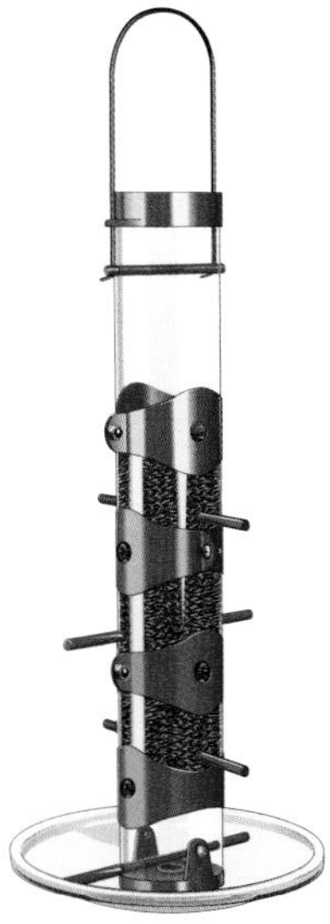

**mangeoire**$^{F}$
bird feeder

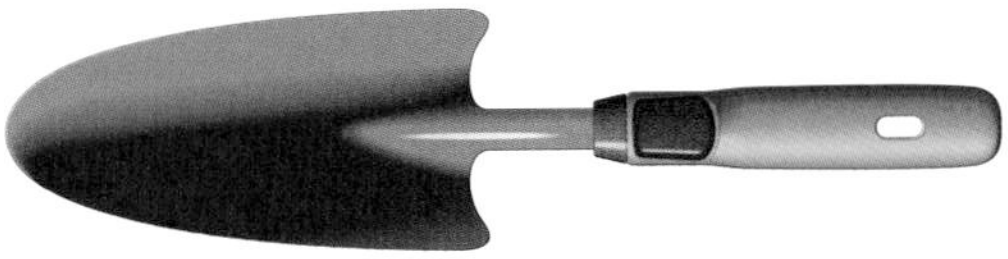

**transplantoir**$^{M}$
trowel

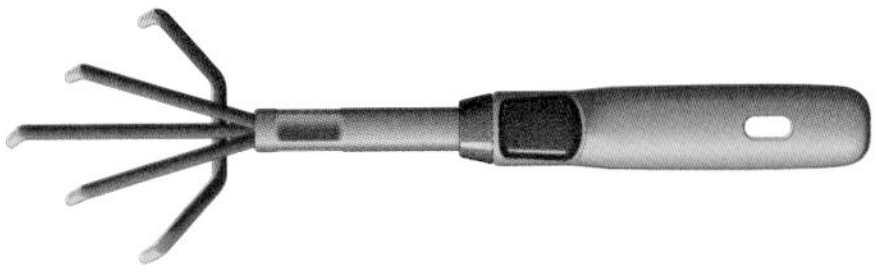

**griffe**$^{F}$ **à fleurs**$^{F}$
small hand cultivator

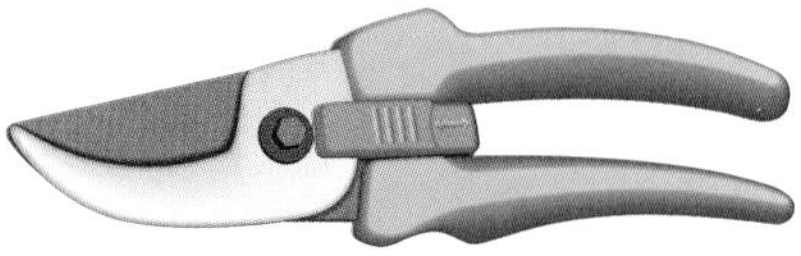

**sécateur**$^{M}$
pruning shears

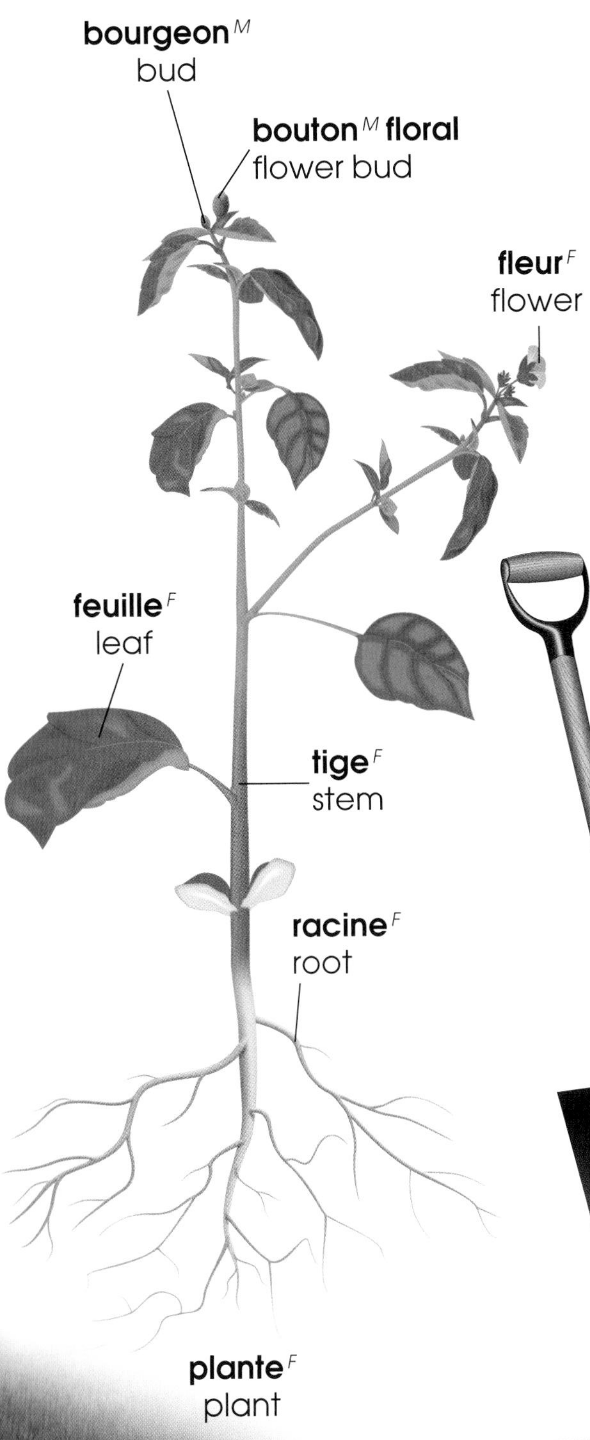


**plante**$^{F}$
plant

**maison**$^{F}$ **d'oiseau**$^{M}$
birdhouse

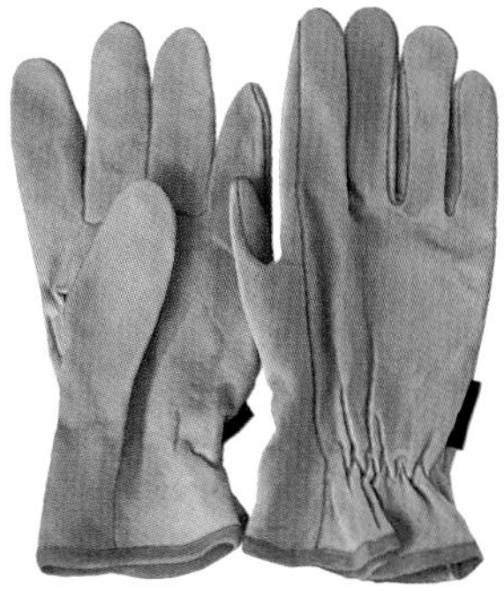

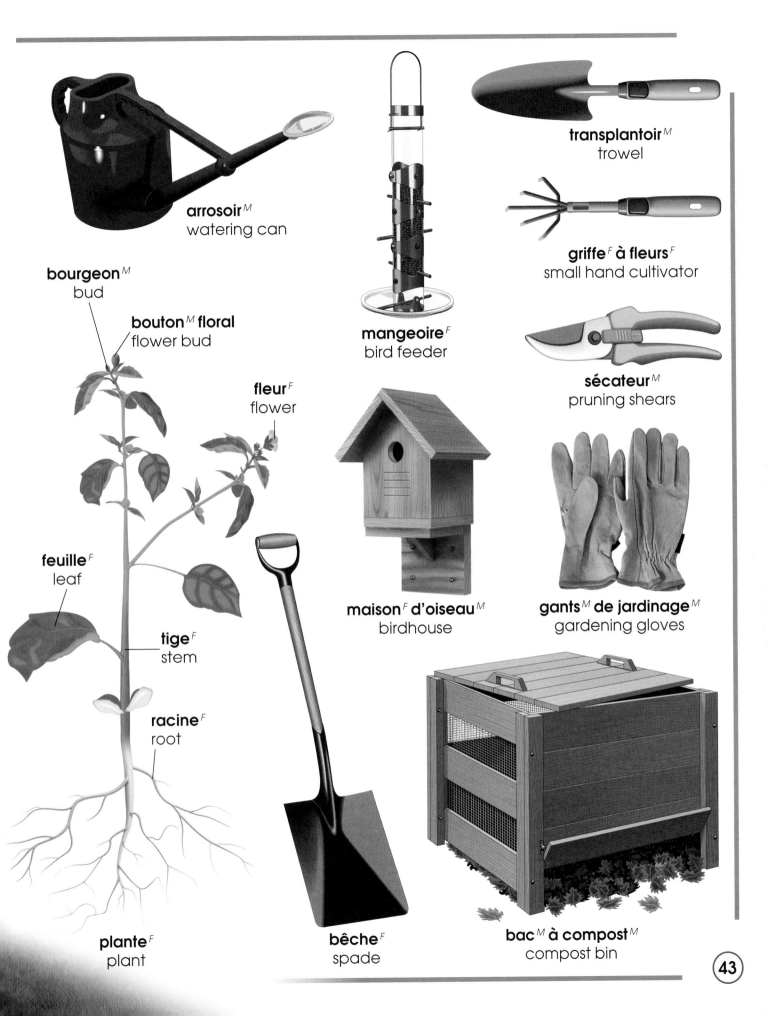

**gants**$^{M}$ **de jardinage**$^{M}$
gardening gloves

**bêche**$^{F}$
spade

**bac**$^{M}$ **à compost**$^{M}$
compost bin

# **L'espace**
# Space

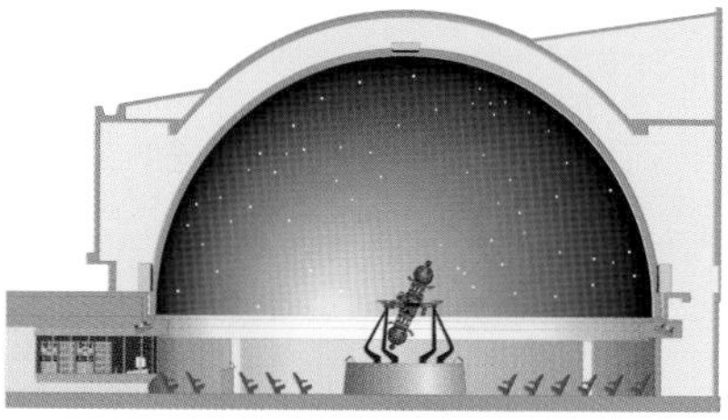

**planétarium** M
planetarium

**Lune** F
Moon

**télescope** M **spatial Hubble**
Hubble space telescope

**télescope** M
telescope

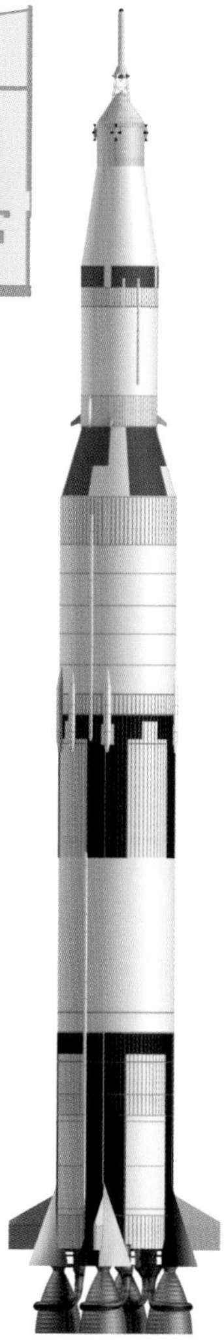

**fusée** F
rocket

**nouvelle Lune** F
new moon

**croissant** M
crescent

**quartier** M
quarter

**pleine Lune** F
full moon

**Soleil** M
Sun

**Terre** F
Earth

**ceinture** F **d'astéroïdes** M
asteroid belt

**Mercure**
Mercury

**Vénus**
Venus

**Mars**
Mars

**Jupiter**
Jupiter

**météorite**[F]
meteorite

**comète**[F]
comet

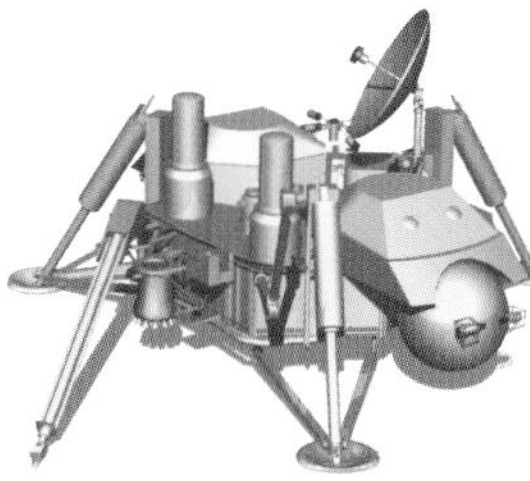

**sonde**[F] **spatiale**
space probe

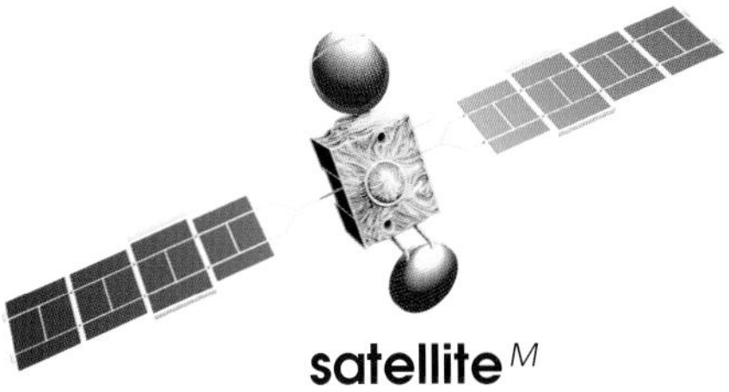

**satellite**[M]
satellite

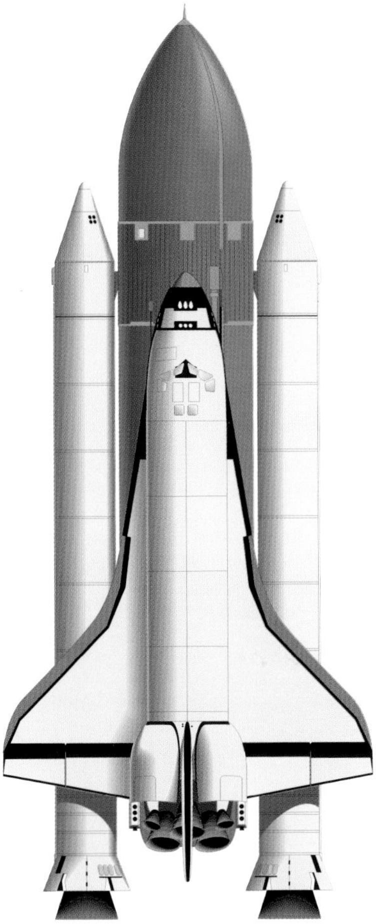

**navette**[F] **spatiale**
space shuttle

**galaxie**[F]
galaxy

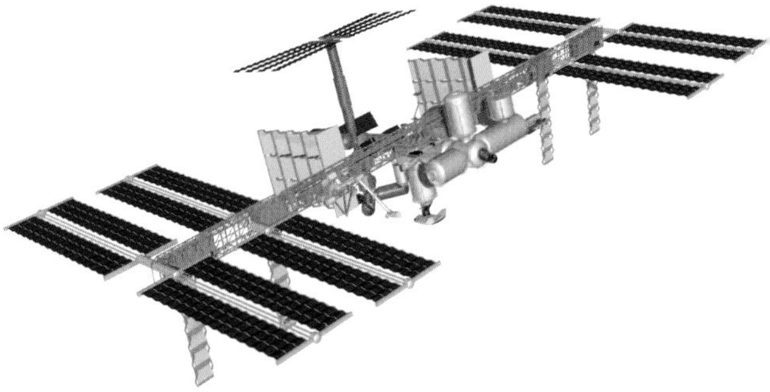

**station**[F] **spatiale internationale**
international space station

**Saturne**
Saturn

**Uranus**
Uranus

**Neptune**
Neptune

**Pluton**
Pluto

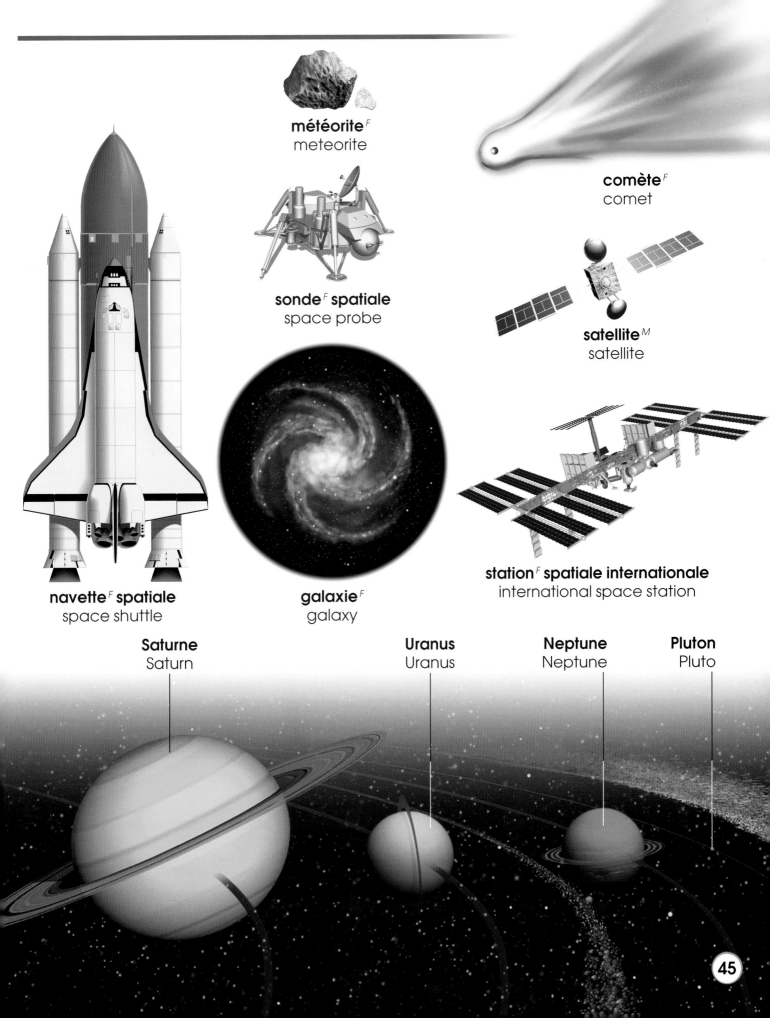

# Les paysages de la Terre
## Earth's landscapes

**littoral**<sup>M</sup> — *(littoral^M)*
shoreline

**plage**<sup>F</sup>
beach

**estuaire**<sup>M</sup>
river estuary

**mer**<sup>F</sup>
sea

**falaise**<sup>F</sup>
cliff

**montagne**<sup>F</sup>
mountain

**plateau**<sup>M</sup>
plateau

**sommet**<sup>M</sup>
summit

**vallée**<sup>F</sup>
valley

**lac**<sup>M</sup>
lake

**colline**<sup>F</sup>
hill

**glacier**<sup>M</sup>
glacier

**toundra**<sup>F</sup>
tundra

**forêt**<sup>F</sup> **mixte**
mixed forest

**forêt**<sup>F</sup> **tropicale**
tropical forest

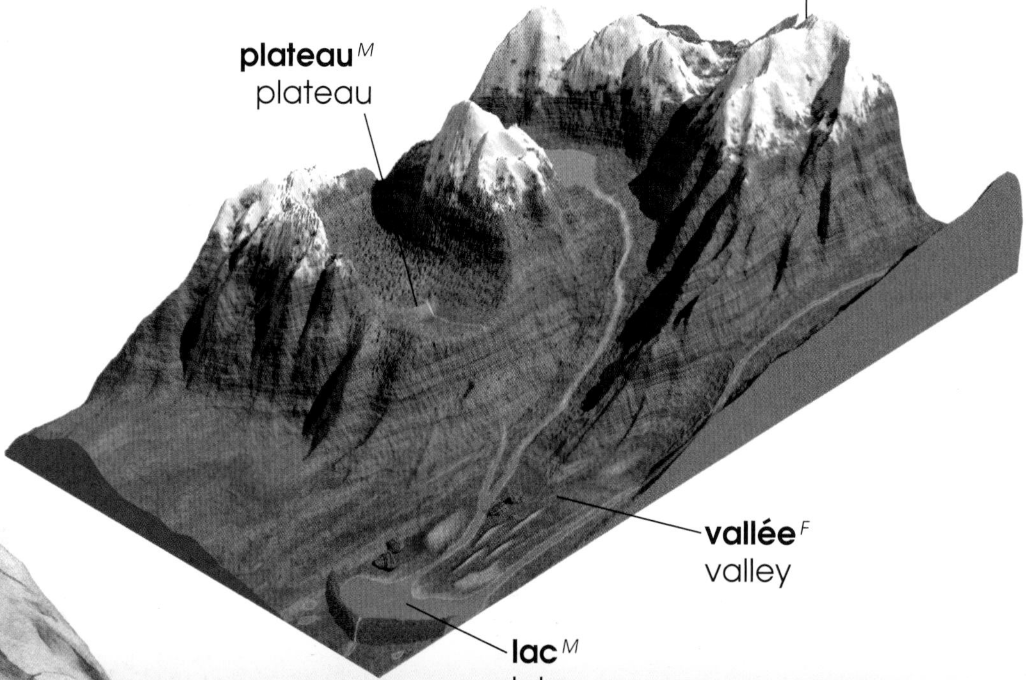

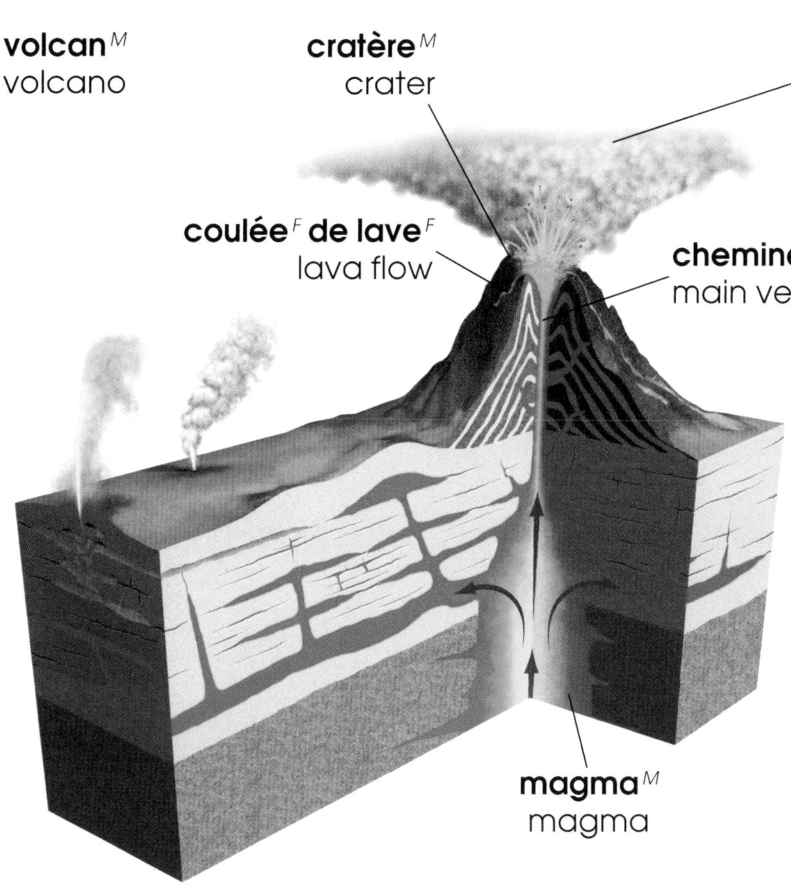
volcan^M
volcano
cratère^M
crater
nuage^M de cendres^F
cloud of volcanic ash
coulée^F de lave^F
lava flow
cheminée^F
main vent
magma^M
magma

grotte^F
cave

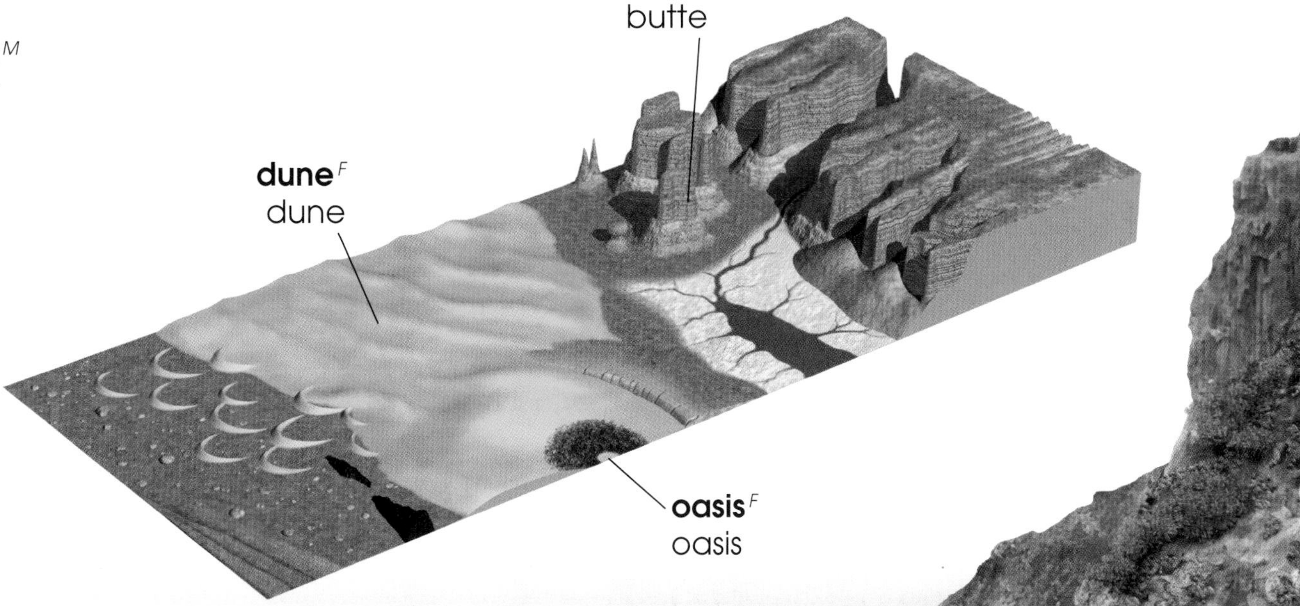
désert^M
desert
butte^F
butte
dune^F
dune
oasis^F
oasis

# Le temps qu'il fait
# The weather

**printemps**[M]
spring

**été**[M]
summer

**automne**[M]
autumn

**hiver**[M]
winter

**cyclone**[M] **tropical**
tropical cyclone

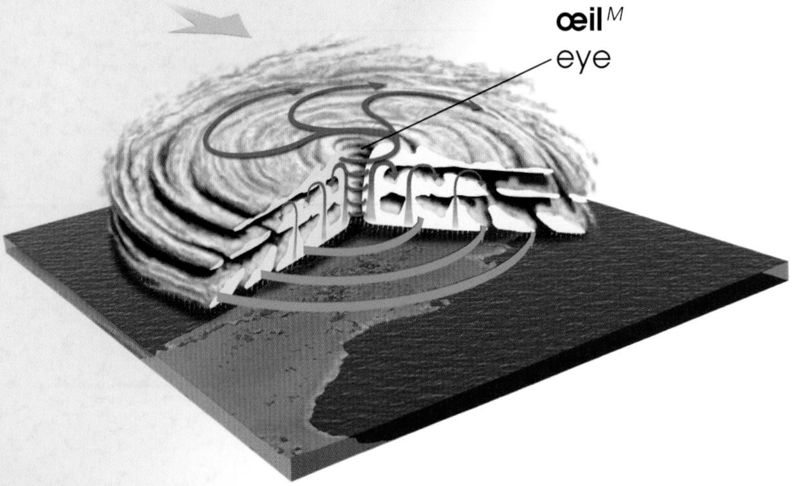


**tornade**[F]
tornado

**rosée**[F]
dew

**brume**[F]
mist

**brouillard**[M]
fog

**givre**[M]
rime

**bruine** F
drizzle

**pluie** F
rain

**pluie** F **forte**
heavy rain

**pluie** F **verglaçante**
freezing rain

**grésil** M
sleet

**neige** F
snow

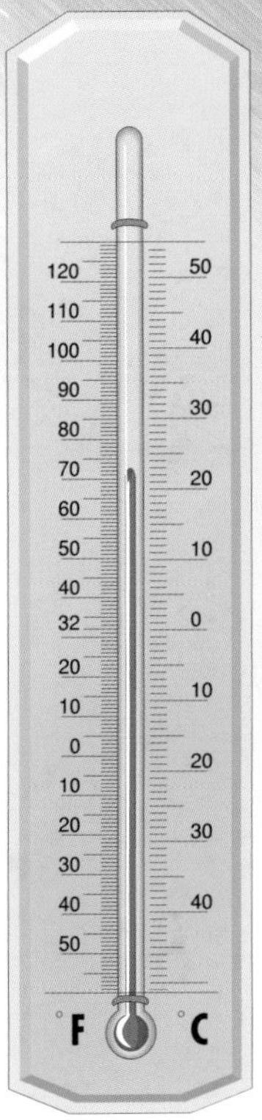

**thermomètre** M
thermometer

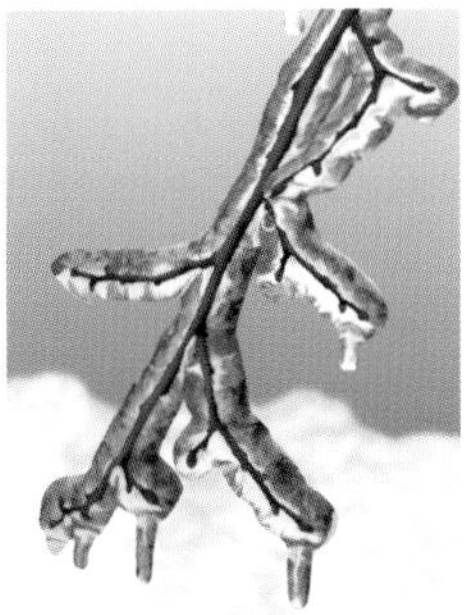

**verglas** M
frost

**goutte** F **d'eau** F
water drop

**grésil** M
sleet

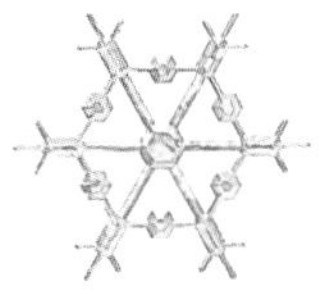

**flocon** M **de neige** F
snowflake

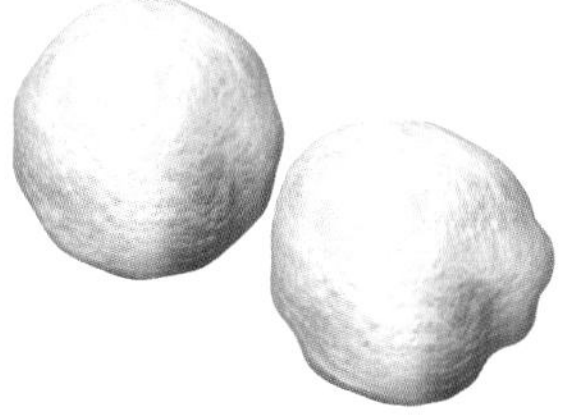

**grêlon** M
hail

# Les transports sur l'eau
# Transportation on water

**paquebot** *M*
passenger liner

**poupe** *F*
stern

**proue** *F*
bow

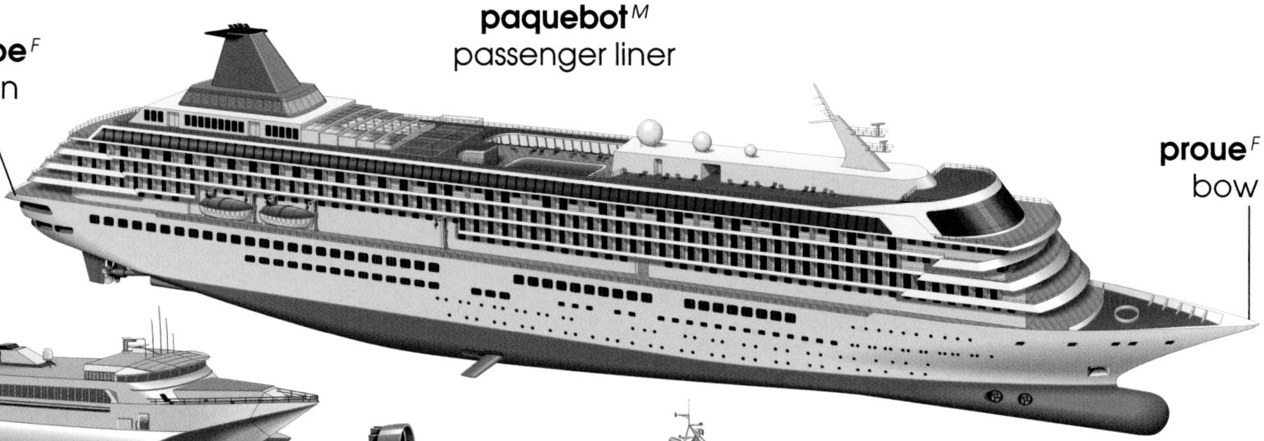

**traversier** *M*
ferryboat

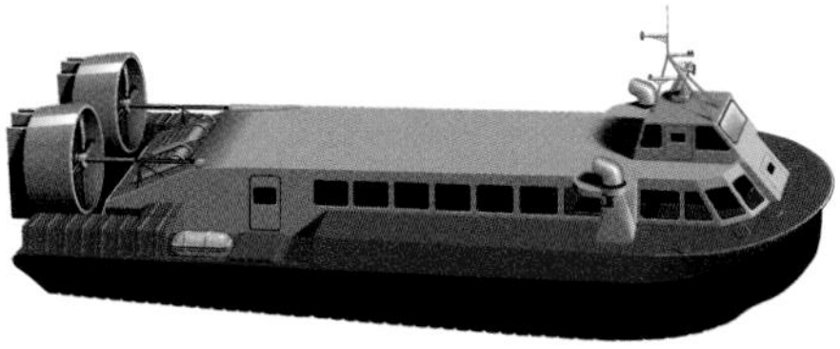

**aéroglisseur** *M*
hovercraft

**brise-glace** *M*
ice breaker

**voilier** *M*
sailboat

**mât** *M*
mast

**voile** *F*
sail

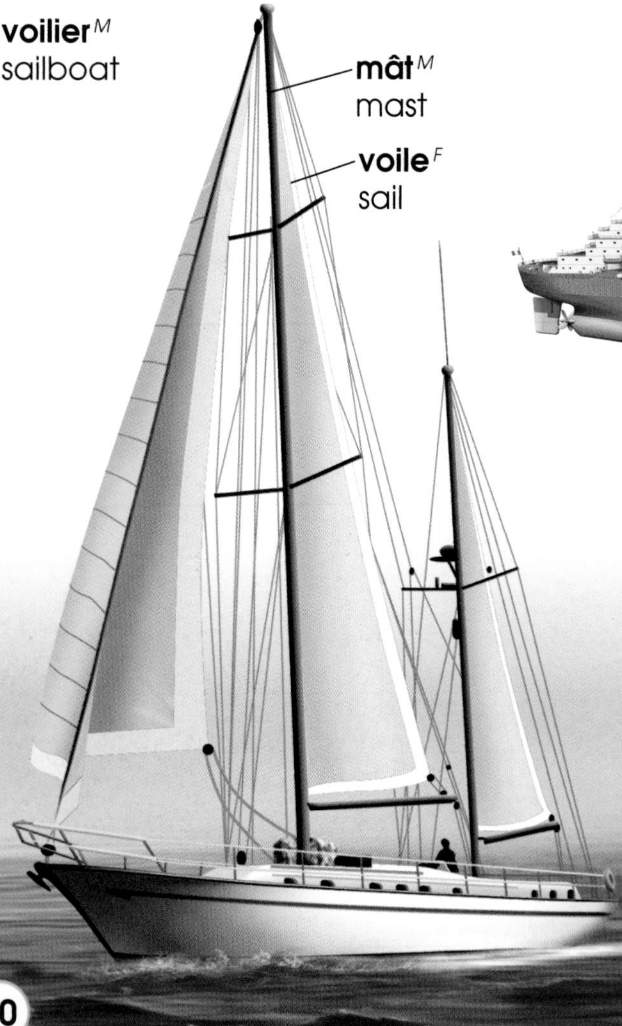

**pétrolier** *M*
tanker

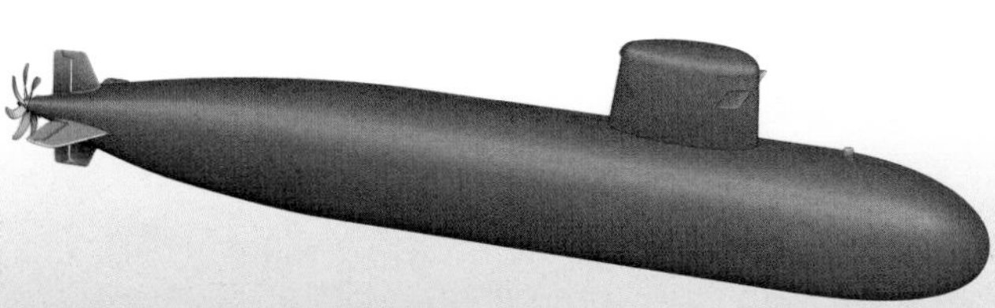

**sous-marin** *M*
submarine

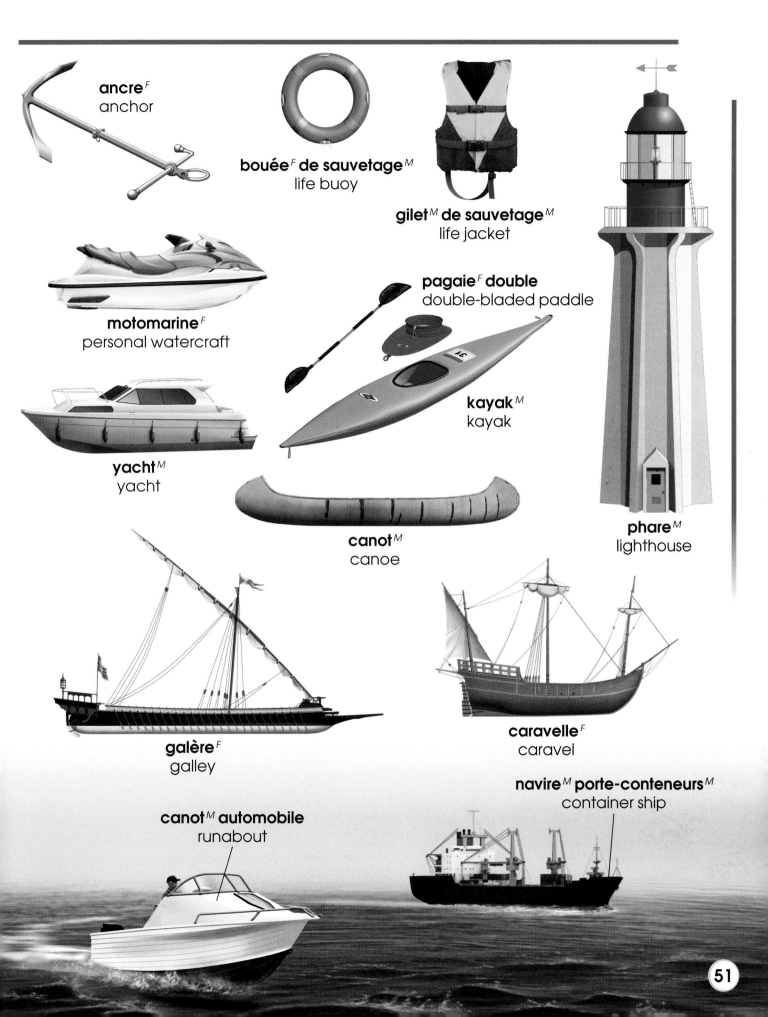

**ancre**[F]
anchor

**bouée**[F] **de sauvetage**[M]
life buoy

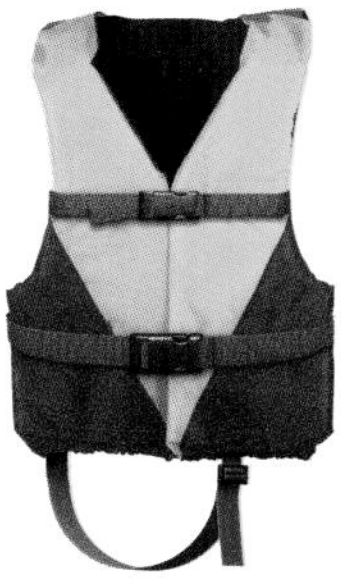

**gilet**[M] **de sauvetage**[M]
life jacket

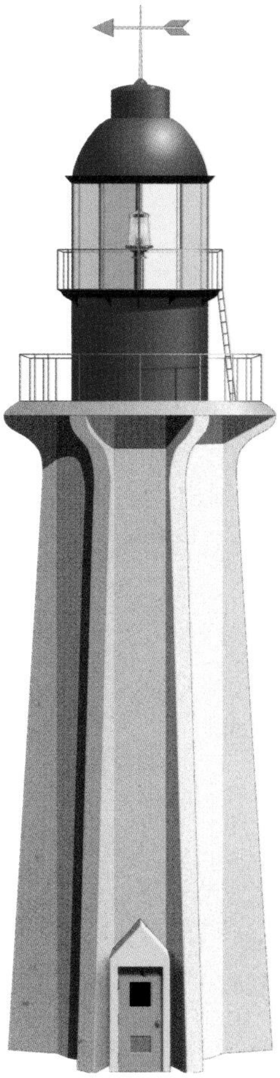

**phare**[M]
lighthouse

**motomarine**[F]
personal watercraft

**pagaie**[F] **double**
double-bladed paddle

**kayak**[M]
kayak

**yacht**[M]
yacht

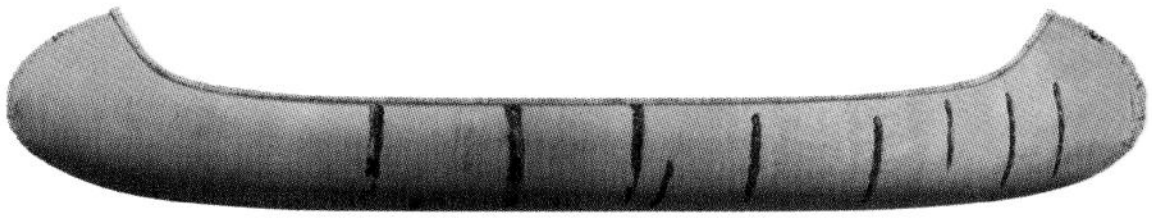

**canot**[M]
canoe

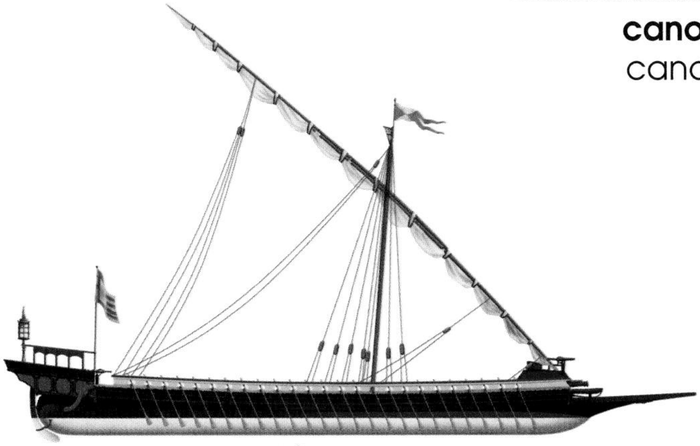

**galère**[F]
galley

**caravelle**[F]
caravel

**navire**[M] **porte-conteneurs**[M]
container ship

**canot**[M] **automobile**
runabout

# Les transports dans les airs
## Transportation in the air

**avion**<sup>M</sup>
airplane

**queue**<sup>F</sup>
tail

**fuselage**<sup>M</sup>
fuselage

**moteur**<sup>M</sup>
engine

**aile**<sup>F</sup>
wing

**nez**<sup>M</sup>
nose

**hublot**<sup>M</sup>
window

189

189

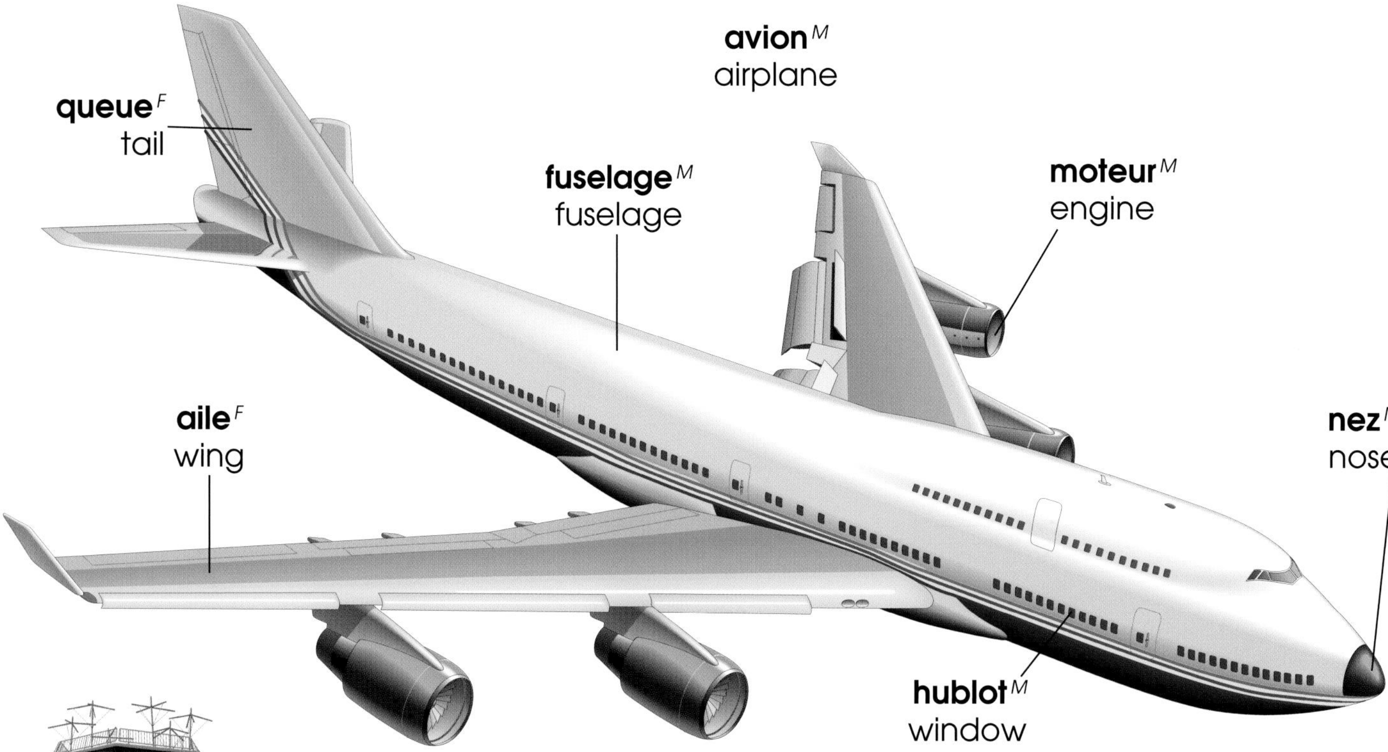

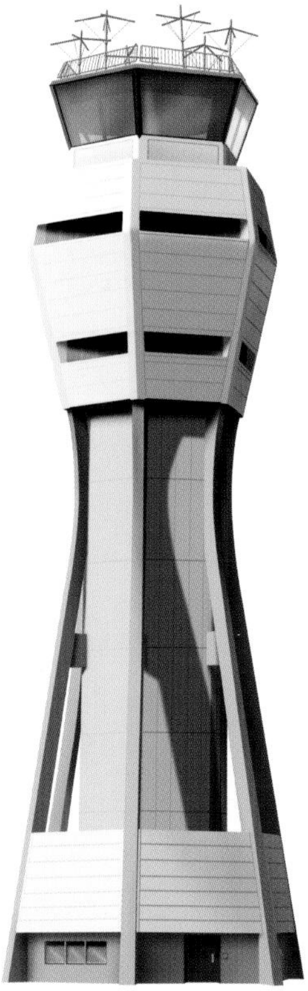

**tour**<sup>F</sup> **de contrôle**<sup>M</sup>
control tower

**transbordeur**<sup>M</sup>
passenger transfer vehicle

**escalier**<sup>M</sup> **d'accès**<sup>M</sup>
universal step

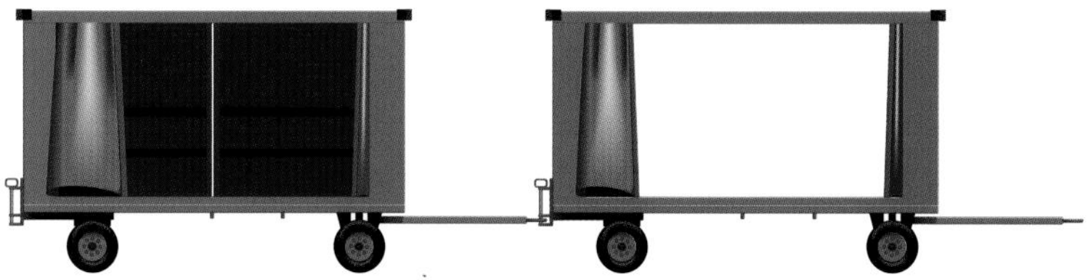

**chariot**<sup>M</sup> **à bagages**<sup>M</sup>
baggage trailer

**tracteur**<sup>M</sup>
tow tractor

**hydravion** *M*
seaplane

**avion** *M***-citerne** *F*
fire-fighting aircraft

**avion** *M* **d'affaires** *F*
business aircraft

**montgolfière** *F*
hot-air balloon

**avion** *M***-cargo** *M*
cargo aircraft

**biplan** *M*
biplane

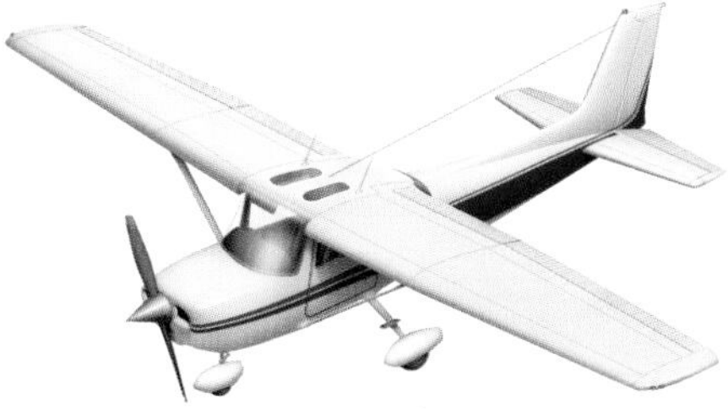

**avion** *M* **léger**
light aircraft

**hélicoptère** *M*
helicopter

# Les transports sur la terre
# Transportation on land

**siège**[M] **de vélo**[M] **pour enfant**[M]
child carrier

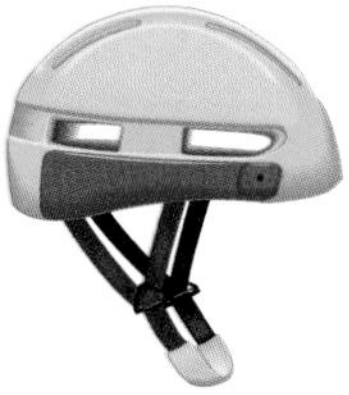

**casque**[M] **de vélo**[M]
bicycle helmet

**bicyclette**[F]
bicycle

**frein**[M]
brake

**pédale**[F]
pedal

**guidon**[M]
handlebars

**selle**[F]
seat

**chaîne**[F]
drive chain

**casque**[M] **de moto**[F]
motorcycle helmet

**moto**[F]
motorcycle

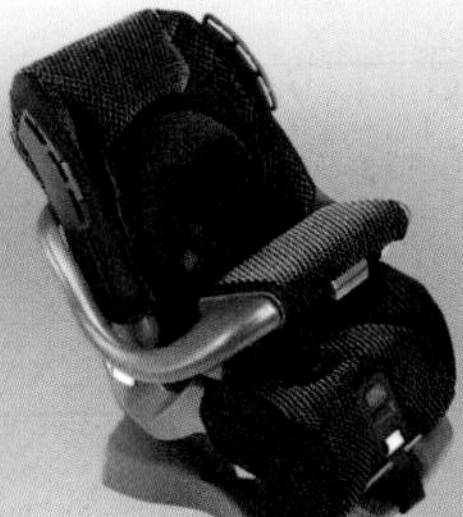

**siège**[M] **de sécurité**[F] **pour enfant**[M]
child safety seat

**scooter**[M]
motor scooter

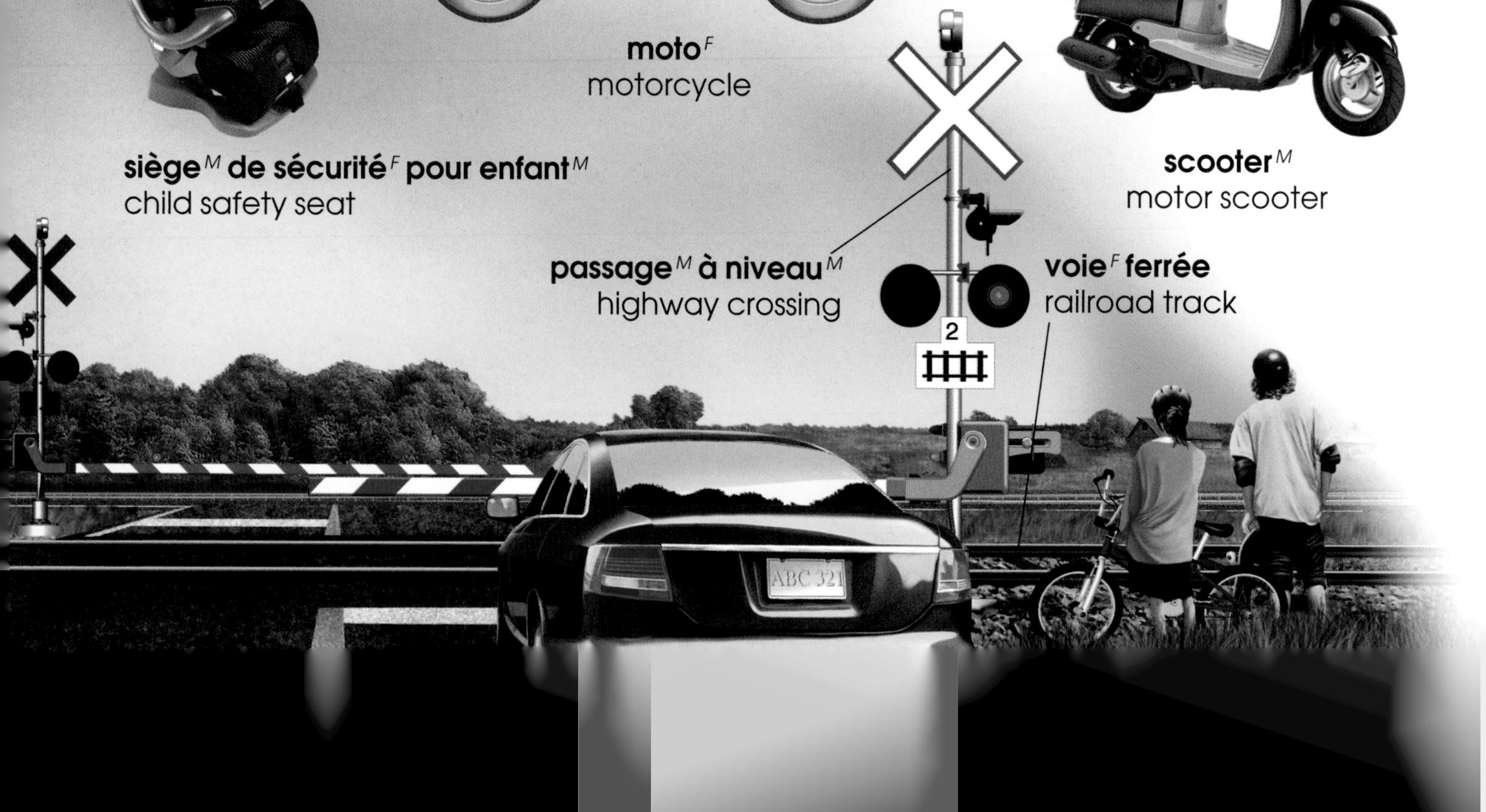


**passage**[M] **à niveau**[M]
highway crossing

**voie**[F] **ferrée**
railroad track

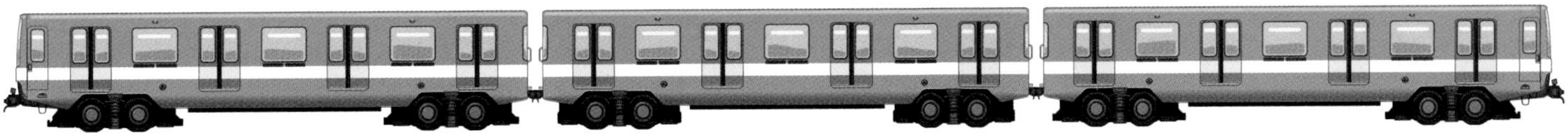

**rame**[F] **de métro**[M]
subway train

**autobus**[M] **scolaire**
school bus

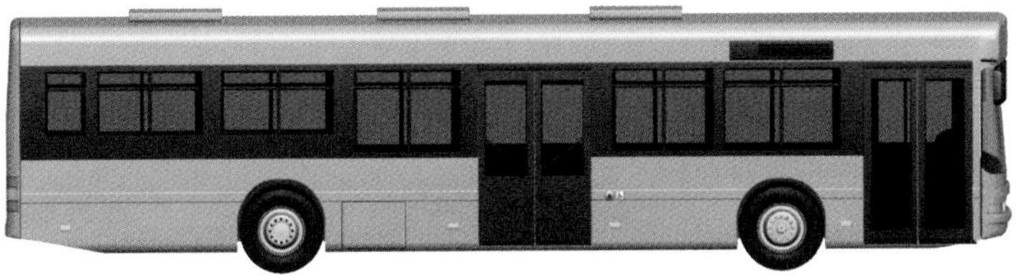

**autobus**[M]
city bus

**tramway**[M]
streetcar

**train**[M]
train

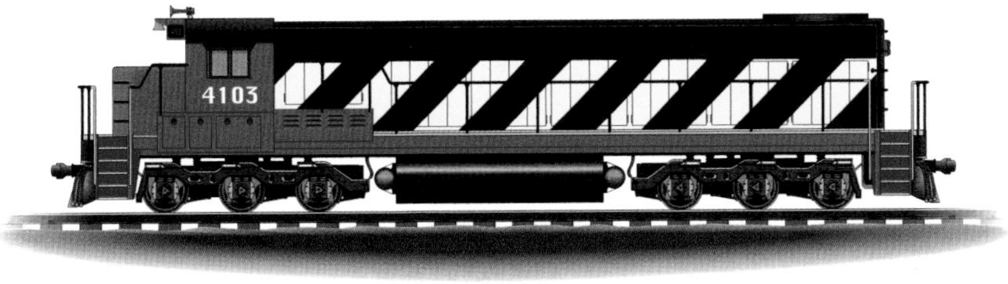


**locomotive**[F]
locomotive

**fourgonnette**[F]
minivan

**camionnette**[F]
pickup truck

**voiture**[F]
car

**coffre**[M]
trunk

**pare-brise**[M]
windshield

**capot**[M]
hood

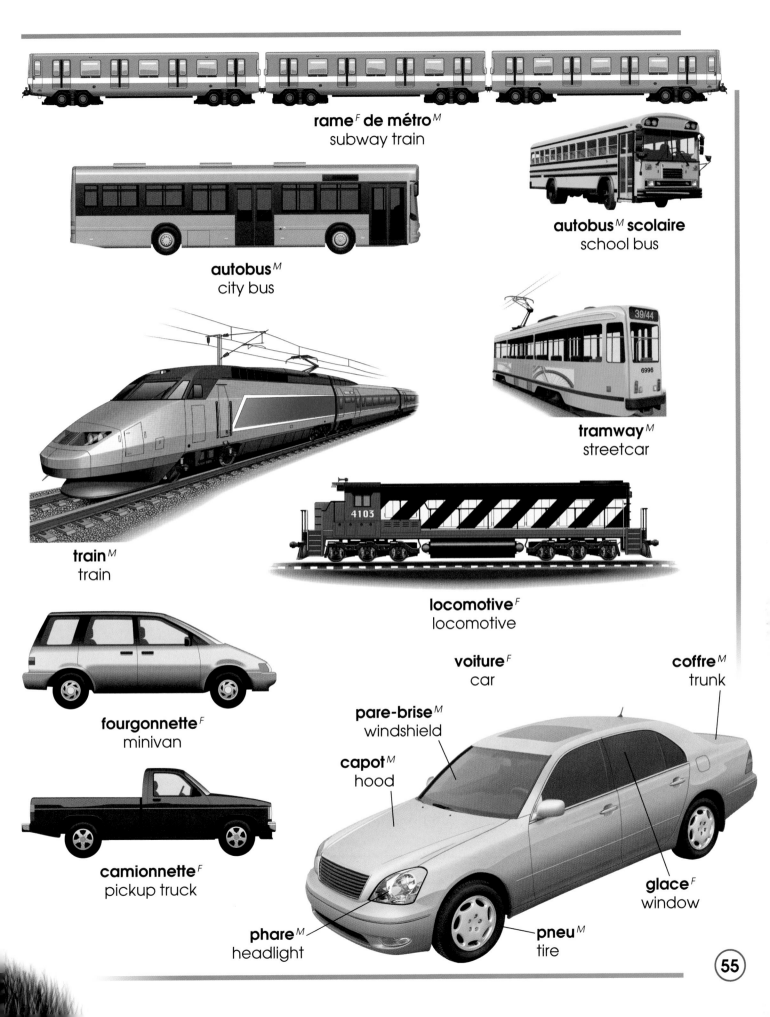

**glace**[F]
window

**phare**[M]
headlight

**pneu**[M]
tire

# La ville
## The city

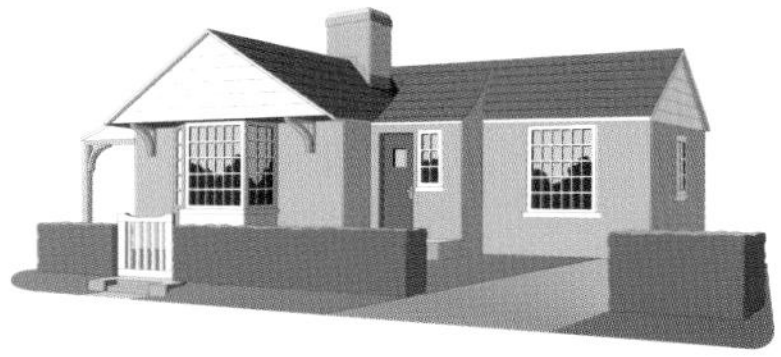

**appartements**<sup>M</sup> **en copropriété**<sup>F</sup>
condominiums

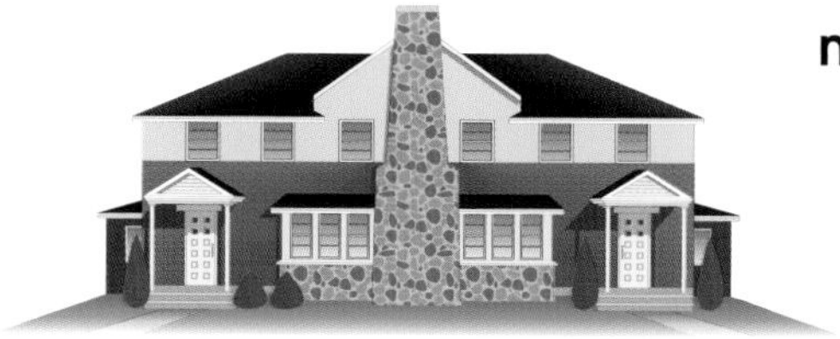

**maison**<sup>F</sup> **jumelée**
semidetached cottage

**maison**<sup>F</sup> **de plain-pied**<sup>M</sup>
one-storey house

**clocher**<sup>M</sup>
bell tower

**église**<sup>F</sup>
church

**hôtel**<sup>M</sup>
hotel

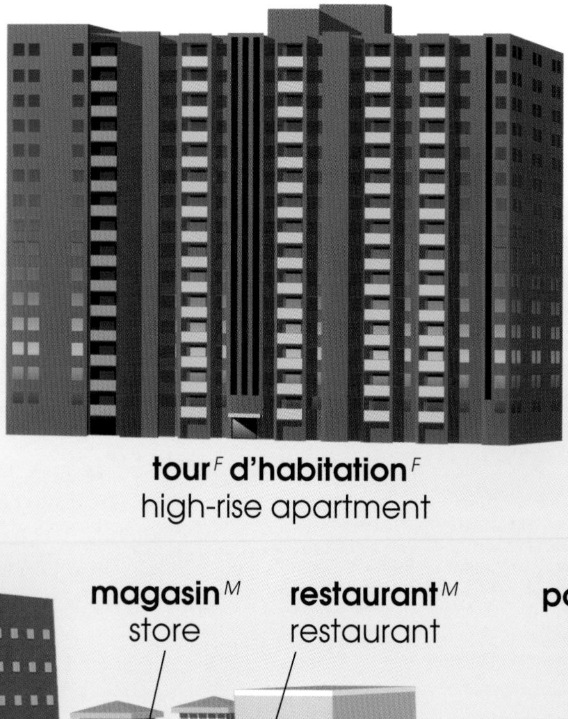

**tour**<sup>F</sup> **d'habitation**<sup>F</sup>
high-rise apartment

**caserne**<sup>F</sup> **de pompiers**<sup>M</sup>
fire station

**magasin**<sup>M</sup>
store

**restaurant**<sup>M</sup>
restaurant

**poste**<sup>M</sup> **de police**<sup>F</sup>
police station

POLICE

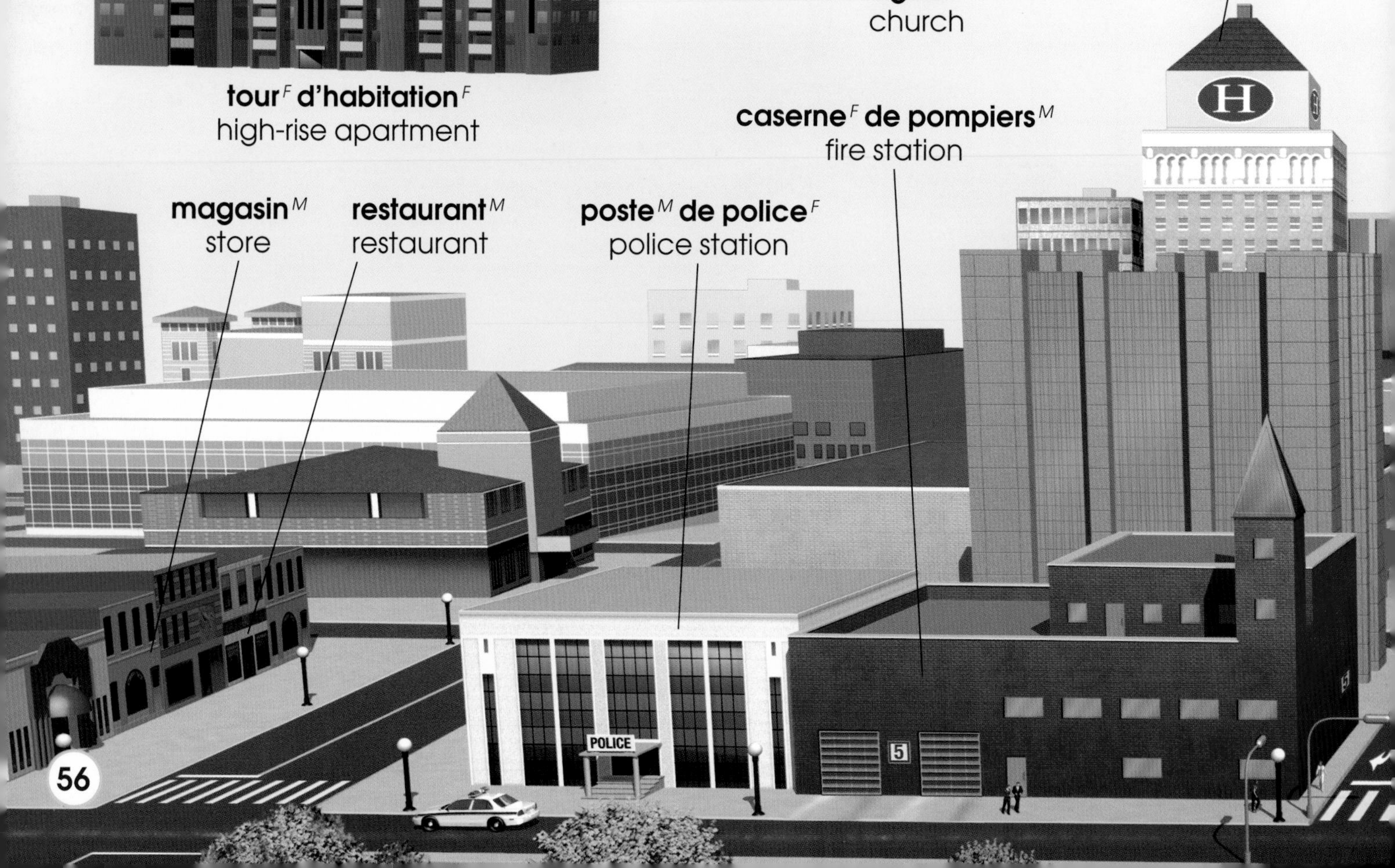

**passage**$^{M}$ **pour piétons**$^{M}$
pedestrian crossing

**travaux**$^{M}$
roadwork

**zone**$^{F}$ **scolaire**
school zone

**arrêt**$^{M}$
stop

**feu**$^{M}$ **de circulation**$^{F}$
traffic lights

**borne**$^{F}$ **d'incendie**$^{M}$
fire hydrant

**usine**$^{F}$
factory

**lave-auto**$^{M}$
car wash

**station**$^{F}$**-service**$^{M}$
service station

**distributeur**$^{M}$ **d'essence**$^{F}$
gasoline pump

**gratte-ciel**$^{M}$
skyscraper

**rue**$^{F}$
street

**trottoir**$^{M}$
sidewalk

**abribus**$^{M}$
bus shelter

**parc**$^{M}$
park

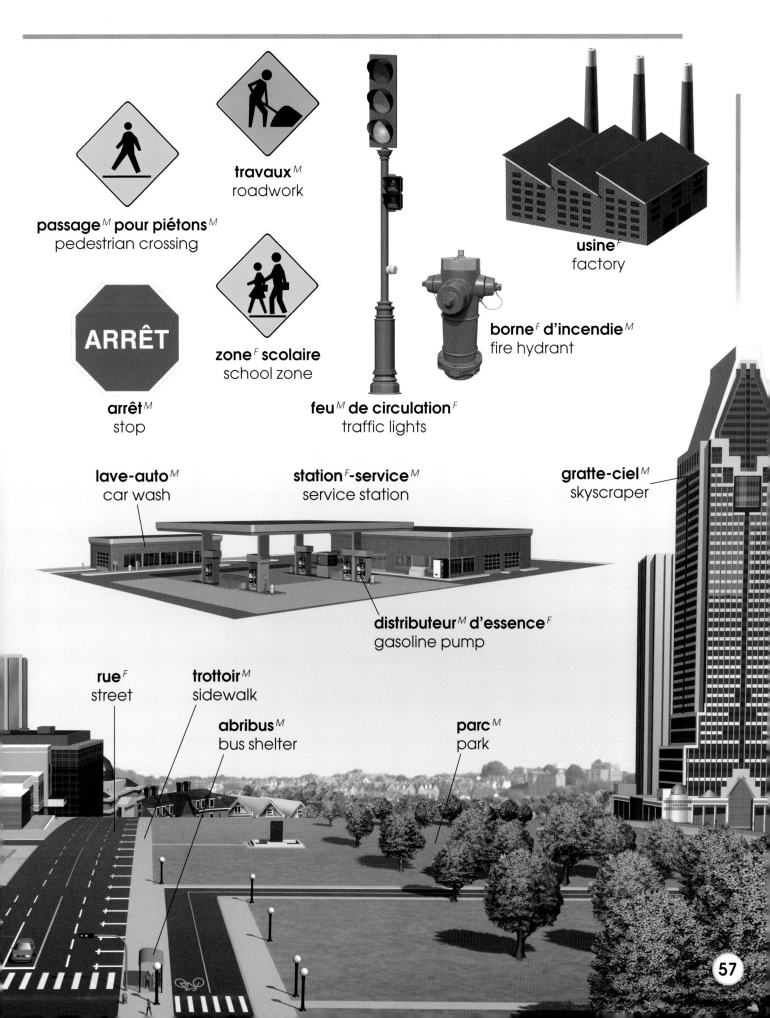

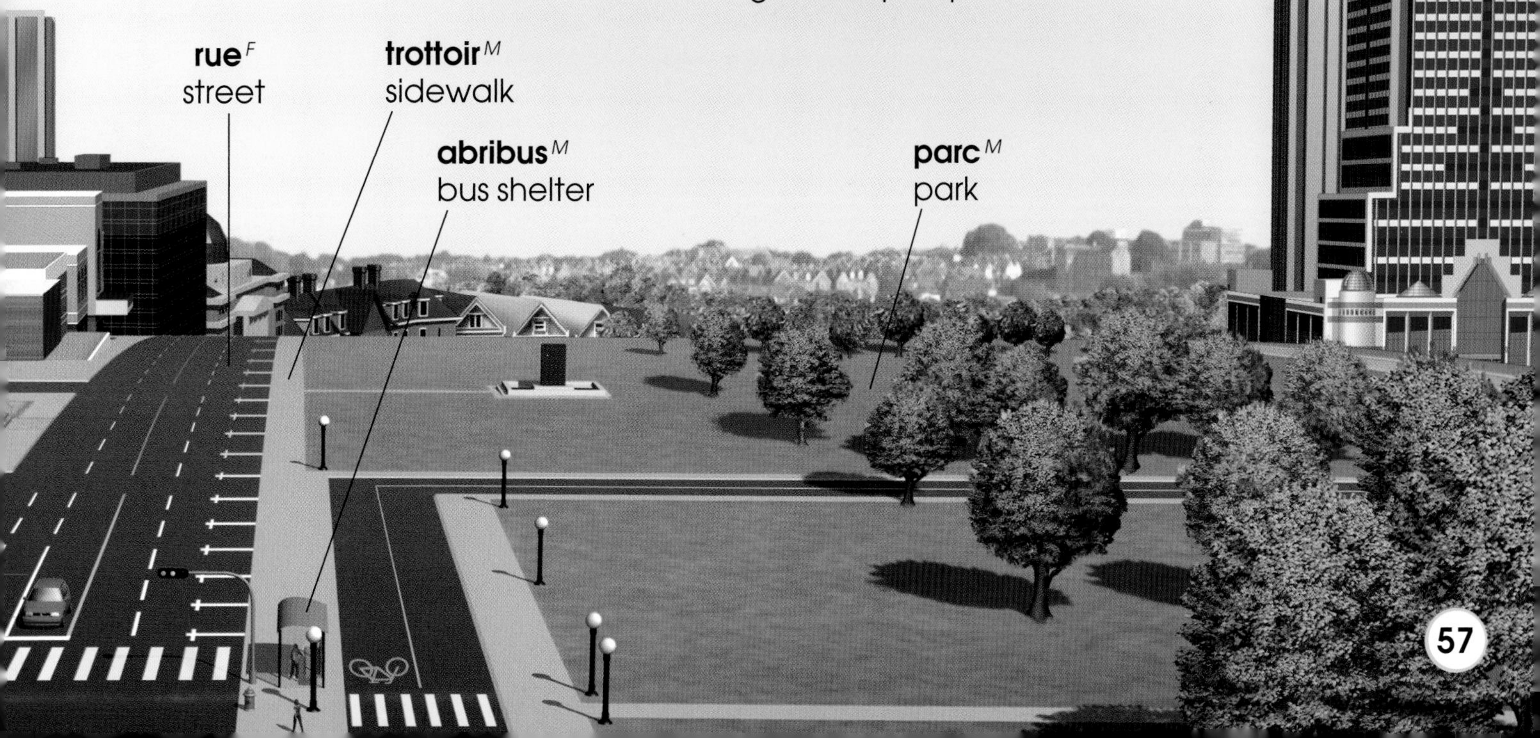

# Les métiers
Trades

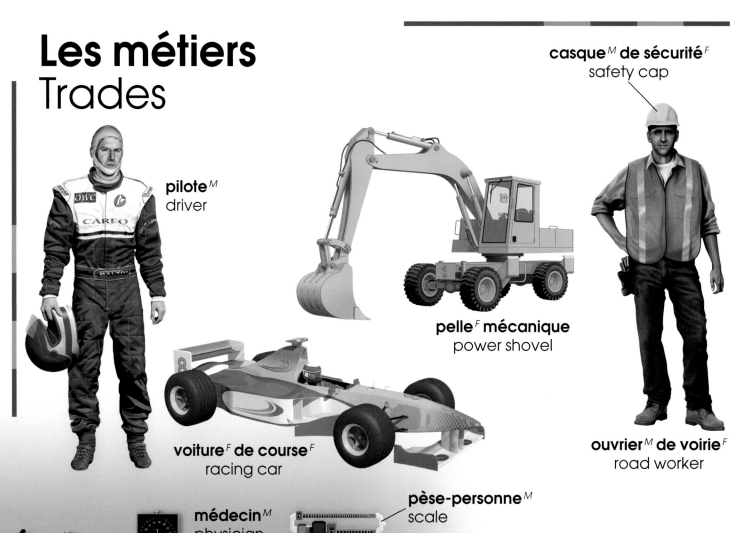

**pilote**ᴹ
driver

**pelle**ᶠ **mécanique**
power shovel

**casque**ᴹ **de sécurité**ᶠ
safety cap

**ouvrier**ᴹ **de voirie**ᶠ
road worker

**voiture**ᶠ **de course**ᶠ
racing car

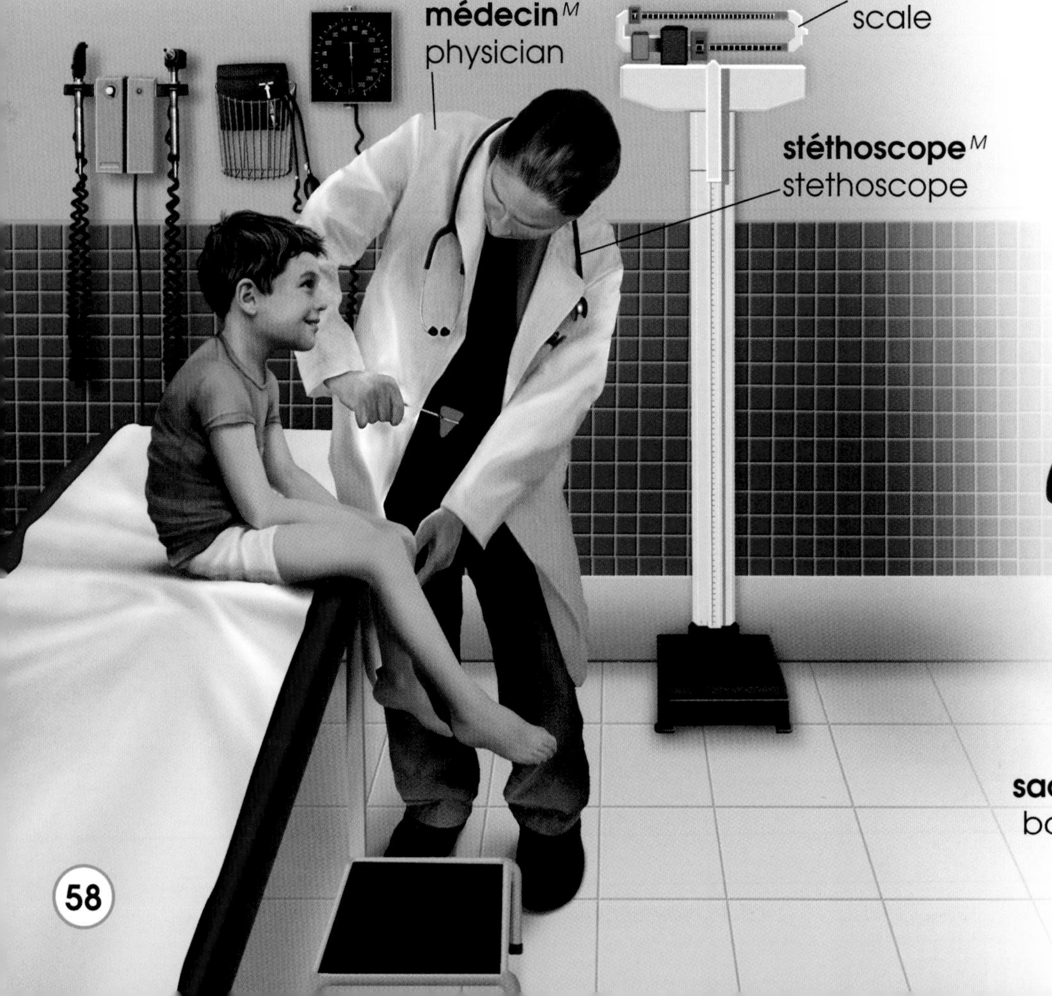

**médecin**ᴹ
physician

**pèse-personne**ᴹ
scale

**stéthoscope**ᴹ
stethoscope

**factrice**ᶠ
mail carrier

**lettre**ᶠ
letter

**sac**ᴹ
bag

**pompier**[M]
firefighter

**masque**[M]
mask

**casque**[M]
helmet

**bouteille**[F] **d'air**[M] **comprimé**
compressed-air cylinder

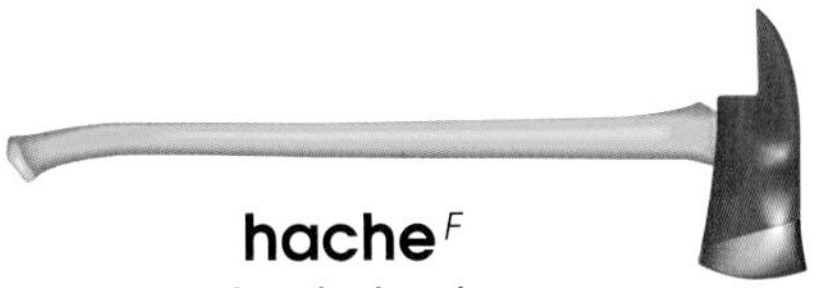

**hache**[F]
hatchet

**extincteur**[M]
fire extinguisher

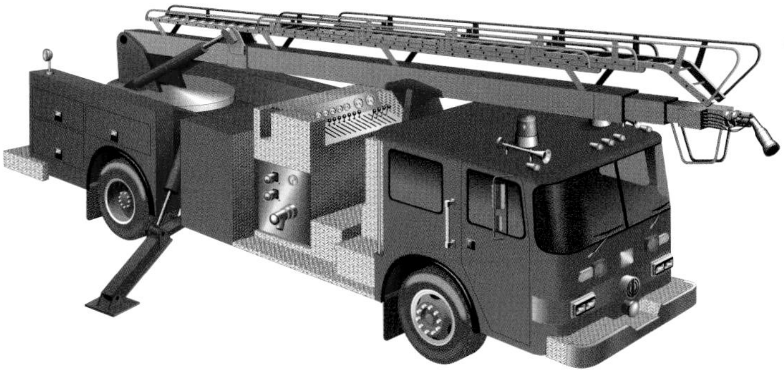

**camion**[M] **d'incendie**[M]
fire truck

**tuyau**[M] **d'incendie**[M]
fire hose

**ceinturon**[M] **de service**[M]
duty belt

**agent**[M] **de police**[F]
police officer

**voiture**[F] **de police**[F]
police car

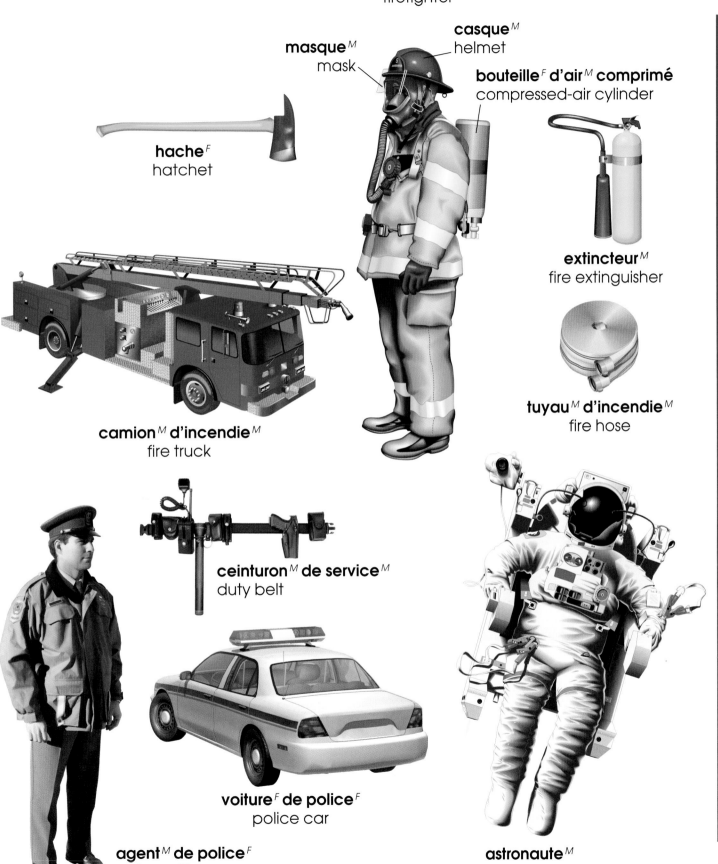

**astronaute**[M]
astronaut

# L'école
# School

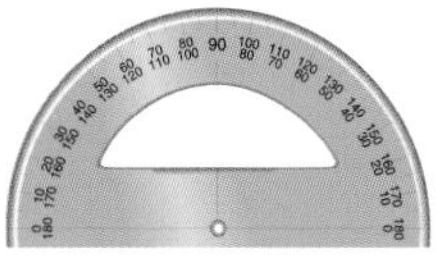

**rapporteur** *M* **d'angle** *M*
protractor

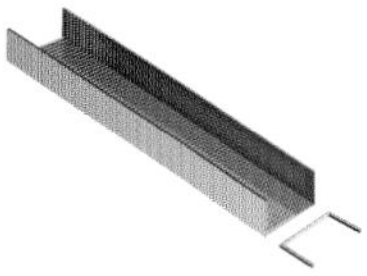

**agrafes** *F*
staples

**agrafeuse** *F*
stapler

**calculatrice** *F*
calculator

**pince-notes** *M*
clip

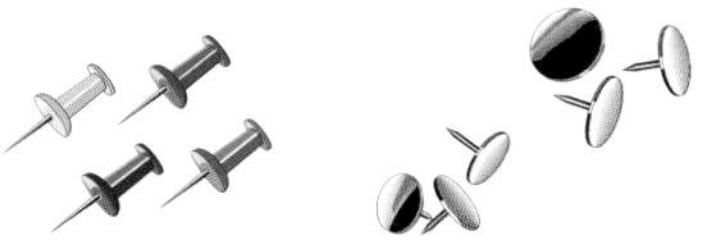

**punaises** *F*
thumb tacks

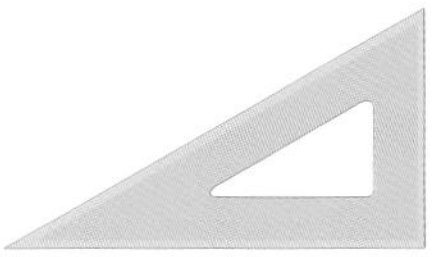

**équerre** *F*
framing square

**perforatrice** *F*
paper punch

**babillard** *M*
bulletin board

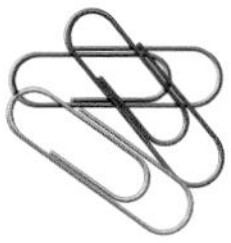

**trombones** *M*
paper clips

**craie** *F*
chalk

**brosse** *F*
blackboard eraser

**globe** *M* **terrestre**
globe

**sac** *M* **à dos** *M*
backpack

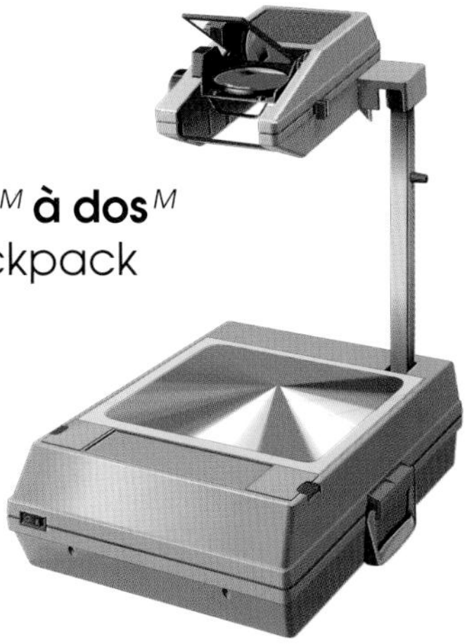

**rétroprojecteur** *M*
overhead projector

**pendule** *F*
clock

**tableau** *M*
blackboard

**carte** *F* **géographique**
geographical map

**élève** *M*
student

**chaise** *F*
chair

**bureau** *M* **d'élève** *M*
student's desk

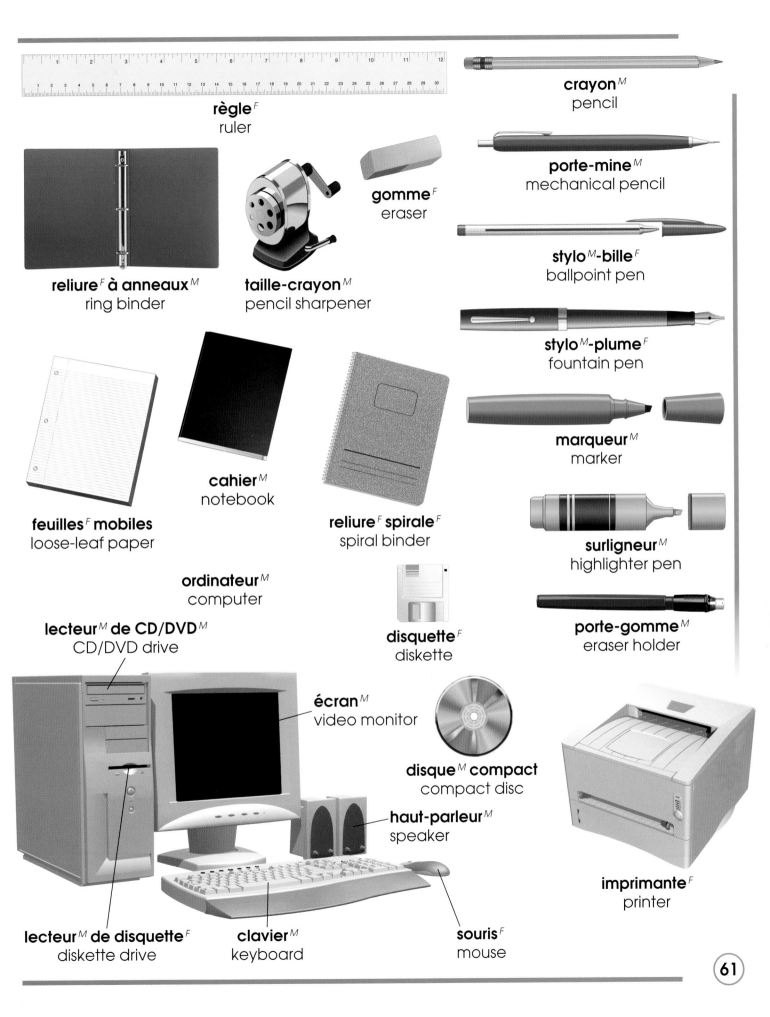

**règle**[F]
ruler

**crayon**[M]
pencil

**porte-mine**[M]
mechanical pencil

**gomme**[F]
eraser

**stylo**[M]**-bille**[F]
ballpoint pen

**reliure**[F] **à anneaux**[M]
ring binder

**taille-crayon**[M]
pencil sharpener

**stylo**[M]**-plume**[F]
fountain pen

**cahier**[M]
notebook

**reliure**[F] **spirale**[F]
spiral binder

**marqueur**[M]
marker

**feuilles**[F] **mobiles**
loose-leaf paper

**surligneur**[M]
highlighter pen

**ordinateur**[M]
computer

**disquette**[F]
diskette

**porte-gomme**[M]
eraser holder

**lecteur**[M] **de CD/DVD**[M]
CD/DVD drive

**écran**[M]
video monitor

**disque**[M] **compact**
compact disc

**haut-parleur**[M]
speaker

**imprimante**[F]
printer

**lecteur**[M] **de disquette**[F]
diskette drive

**clavier**[M]
keyboard

**souris**[F]
mouse

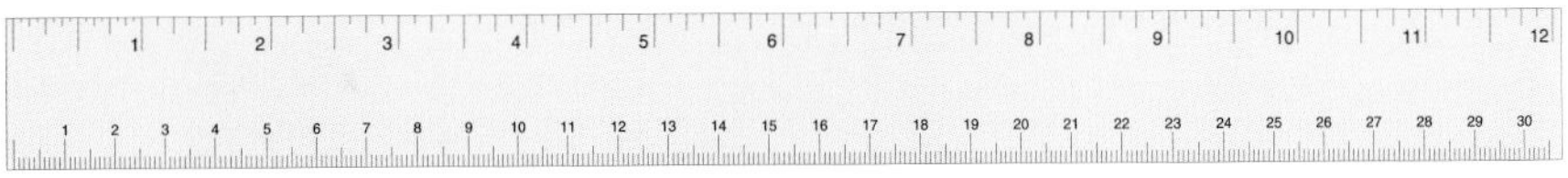

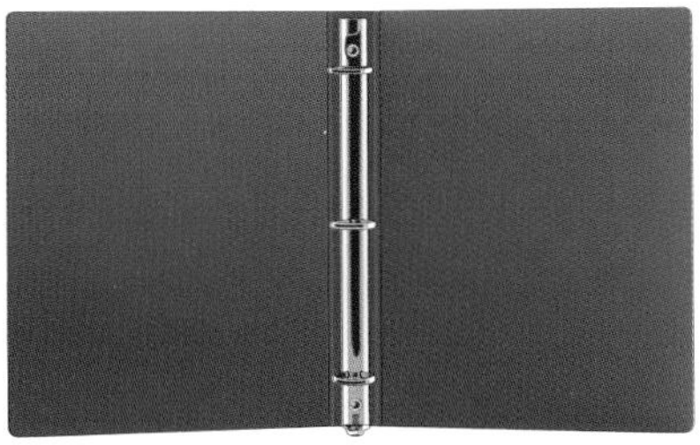

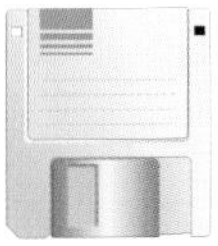

# Les couleurs et les formes
## Colors and shapes

**jaune** *M*
yellow

**vert** *M*
green

**orange** *M*
orange

**bleu** *M*
blue

**rouge** *M*
red

**violet** *M*
violet

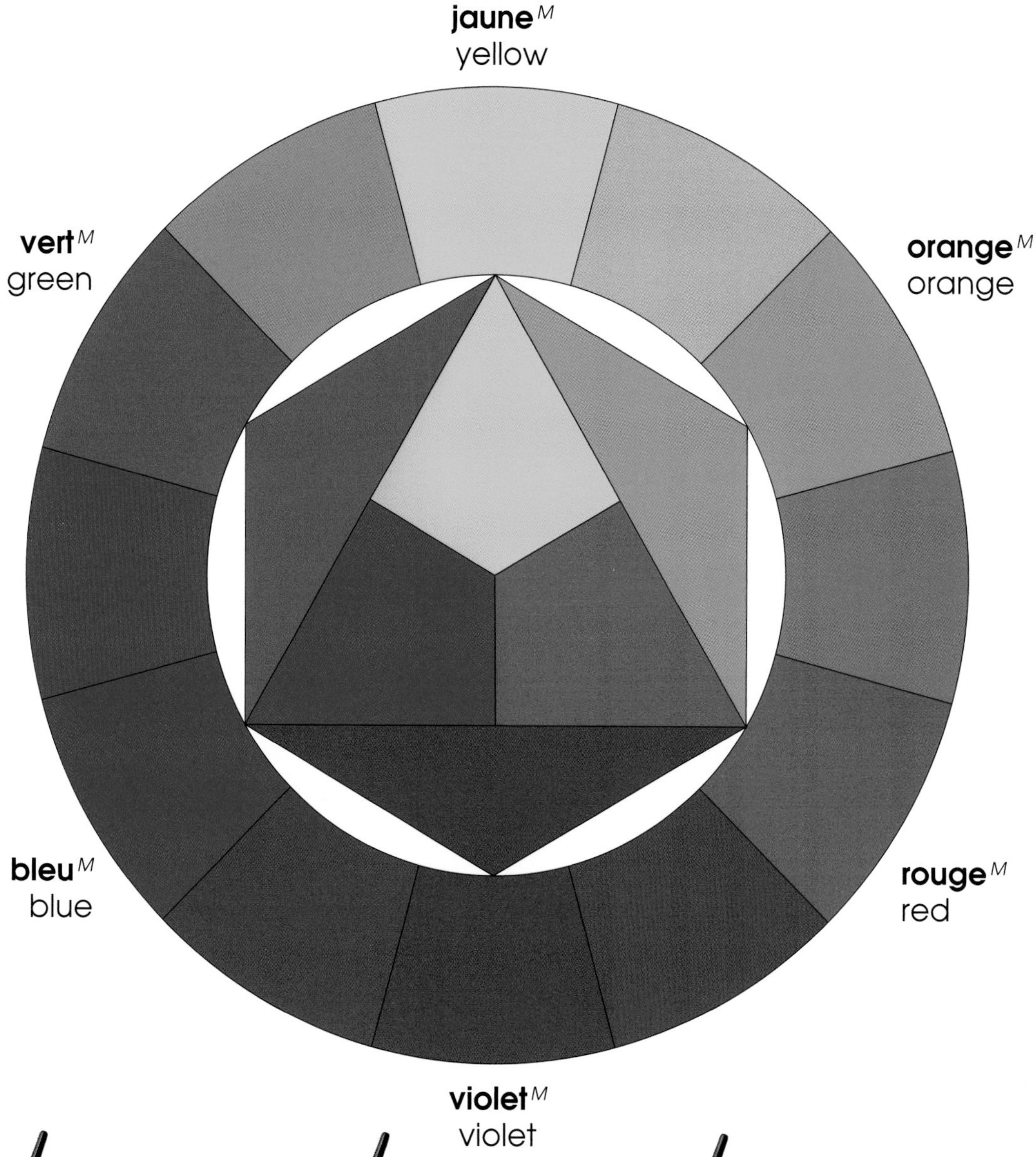

**blanc** *M* + **noir** *M* =
**gris** *M*
white + black =
grey

**jaune** *M* + **bleu** *M* =
**vert** *M*
yellow + blue =
green

**jaune** *M* + **rouge** *M* =
**orange** *M*
yellow + red =
orange

**bleu** *M* + **rouge** *M* =
**violet** *M*
blue + red = violet

**cercle**$^{M}$
circle

**triangle**$^{M}$
triangle

**carré**$^{M}$
square

**rectangle**$^{M}$
rectangle

**losange**$^{M}$
rhombus

**ovale**$^{M}$
oval

**trapèze**$^{M}$
trapezoid

**parallélogramme**$^{M}$
parallelogram

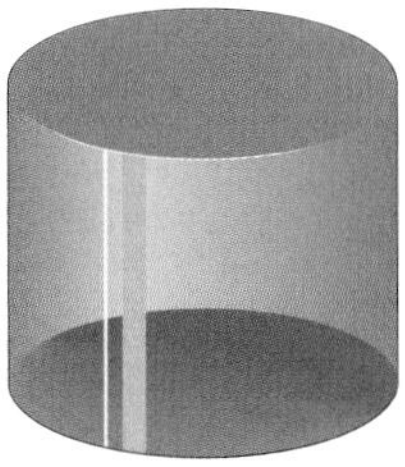

**cylindre**$^{M}$
cylinder

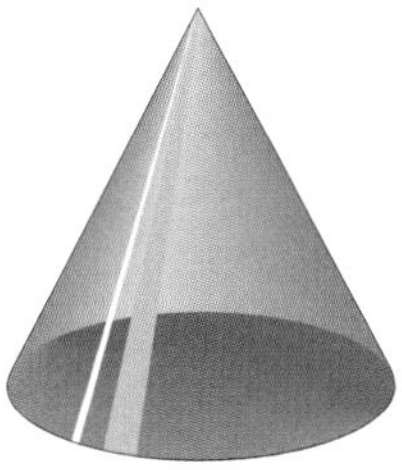

**cône**$^{M}$
cone

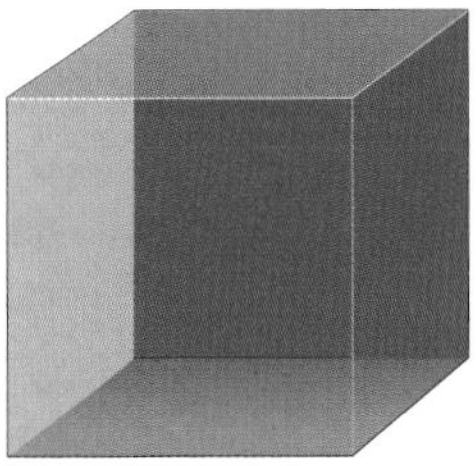

**cube**$^{M}$
cube

**chevalet**$^{M}$
easel

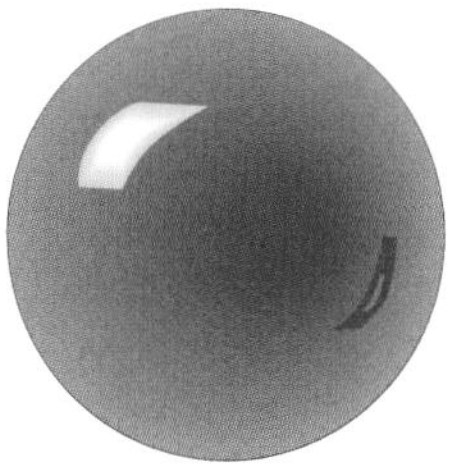

**sphère**$^{F}$
sphere

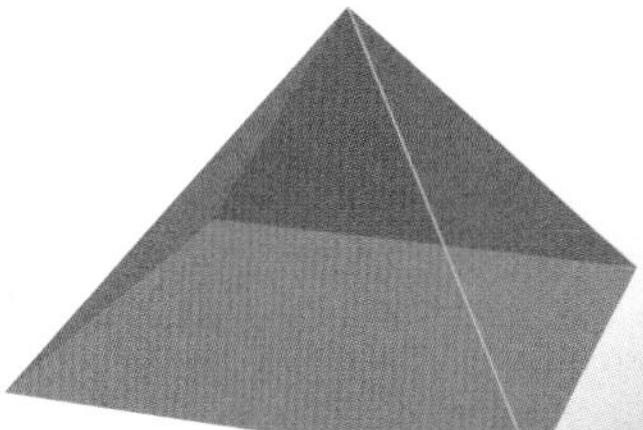

**pyramide**$^{F}$
pyramid

# Les chiffres et les lettres
# Numbers and letters

**un**M
one

**deux**M
two

**trois**M
three

**quatre**M
four

**cinq**M
five

**six**M
six

**sept**M
seven

**huit**M
eight

**neuf**M
nine

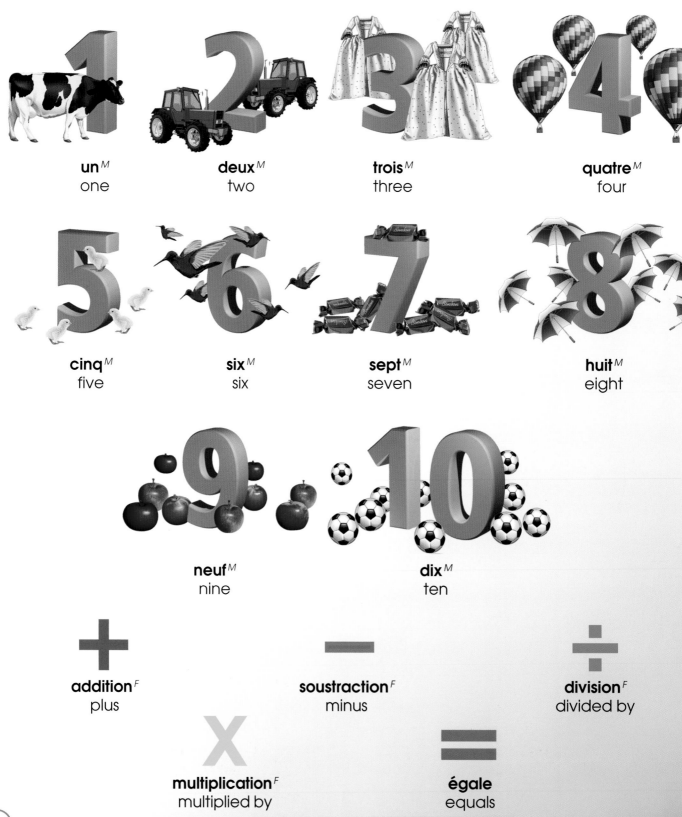

**dix**M
ten

+

**addition**F
plus

−

**soustraction**F
minus

÷

**division**F
divided by

×

**multiplication**F
multiplied by

=

**égale**
equals

**alphabet**$^{M}$
alphabet

Aa Bb Cc Dd Ee
Ff Gg Hh Ii Jj Kk
Ll Mm Nn Oo Pp
Qq Rr Ss Tt Uu Vv
Ww Xx Yy Zz

# La musique
## Music

**saxophone**<sup>M</sup>
saxophone

**anche**<sup>F</sup>
reed

**levier**<sup>M</sup> **de clé**<sup>F</sup>
key lever

**pavillon**<sup>M</sup>
bell

**harmonica**<sup>M</sup>
harmonica

**accordéon**<sup>M</sup>
accordion

**trompette**<sup>F</sup>
trumpet

**métronome**<sup>M</sup>
metronome

**synthétiseur**<sup>M</sup>
synthesizer

**piano**<sup>M</sup>
piano

**tuba**<sup>M</sup>
tuba

**flûte**<sup>F</sup> **traversière**
transverse flute

**clarinette**<sup>F</sup>
clarinet

**harpe**<sup>F</sup>
harp

**flûte**<sup>F</sup> **à bec**<sup>M</sup>
recorder

**clavier**<sup>M</sup>
keyboard

**pédales**<sup>F</sup>
pedals

**batterie**^F^
drums

**xylophone**^M^
xylophone

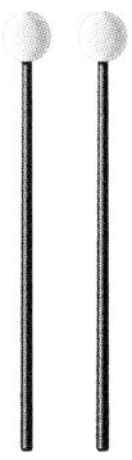

**mailloches**^F^
mallets

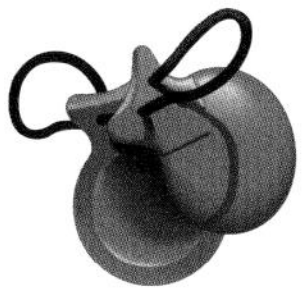

**castagnettes**^F^
castanets

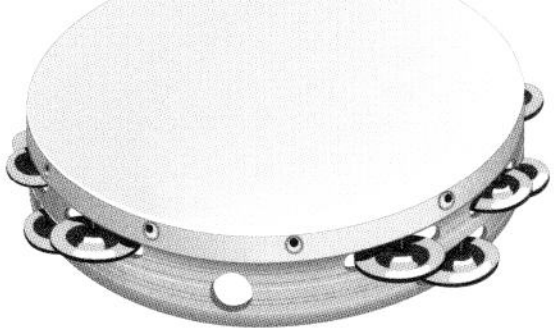

**tambourin**^M^
tambourine

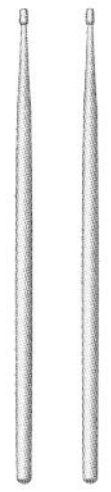

**baguettes**^F^
sticks

**guitare**^F^ **électrique**
electric guitar

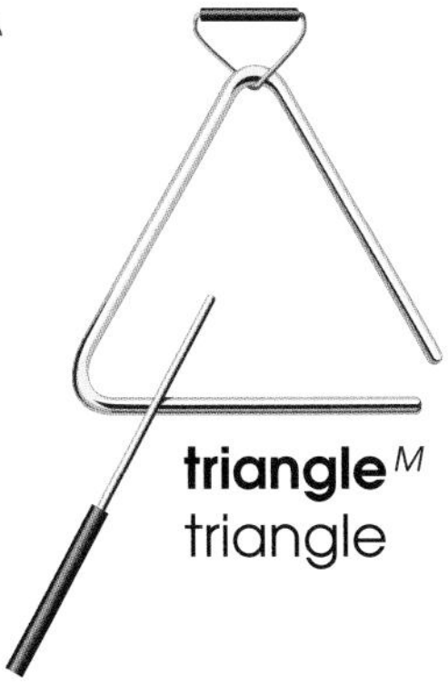

**triangle**^M^
triangle

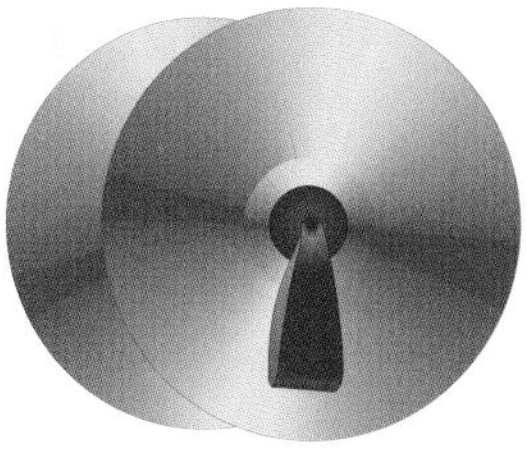

**cymbales**^F^
cymbals

**médiator**^M^
plectrum

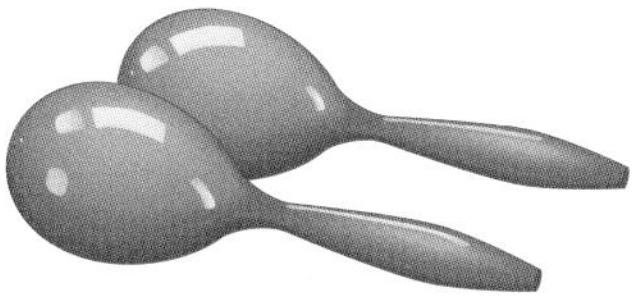

**maracas**^M^
maracas

**grelots**^M^
sleigh bells

**cheville**^F^
peg

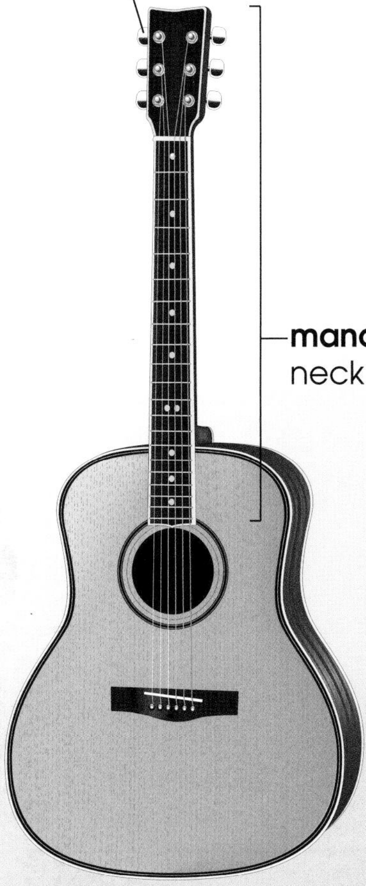

**manche**^M^
neck

**caisse**^F^ **de résonance**^F^
sound box

**guitare**^F^ **acoustique**
acoustic guitar

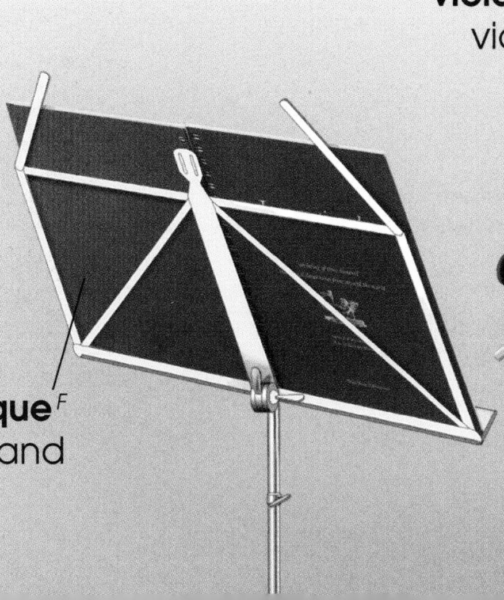

**pupitre**^M^ **à musique**^F^
music stand

**archet**^M^
bow

**violon**^M^
violin

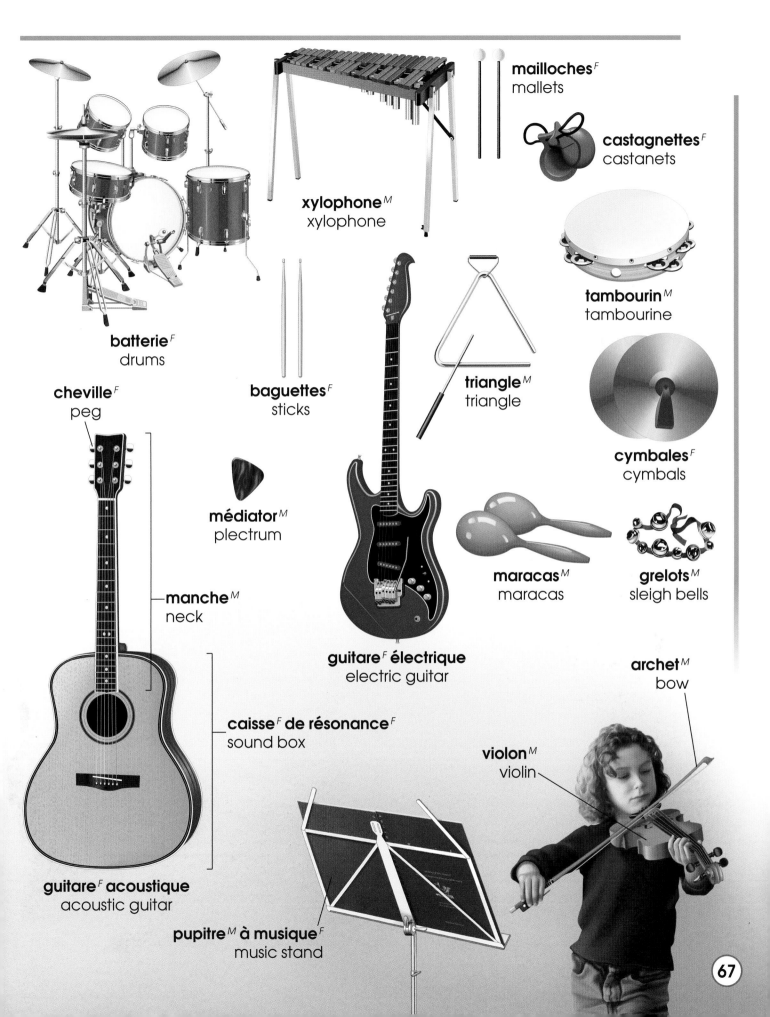

# Les sports
## Sports

**boule**<sup>F</sup> **de quilles**<sup>F</sup>
bowling ball

**quille**<sup>F</sup>
pin

**bâton**<sup>M</sup>
stick

**casque**<sup>M</sup>
helmet

**visière**<sup>F</sup>
visor

**but**<sup>M</sup>
goal

**raquette**<sup>F</sup> **de badminton**<sup>M</sup>
badminton racket

**volant**<sup>M</sup>
shuttlecock

**raquette**<sup>F</sup> **de tennis**<sup>M</sup> **de table**<sup>F</sup>
table tennis paddle

**planche**<sup>F</sup> **à roulettes**<sup>F</sup>
skateboard

**raquette**<sup>F</sup> **de tennis**<sup>M</sup>
tennis racket

**balle**<sup>F</sup> **de tennis**<sup>M</sup>
tennis ball

**balle**<sup>F</sup> **de baseball**<sup>M</sup>
baseball

**gant**<sup>M</sup> **de baseball**<sup>M</sup>
baseball glove

**patin**<sup>M</sup> **à roues**<sup>F</sup> **alignées**
in-line skate

**patin**<sup>M</sup> **de hockey**<sup>M</sup>
hockey skate

**rondelle**<sup>F</sup>
puck

**protège-lame**<sup>M</sup>
skate guard

**patin**<sup>M</sup> **de patinage**<sup>M</sup> **artistique**
figure skate

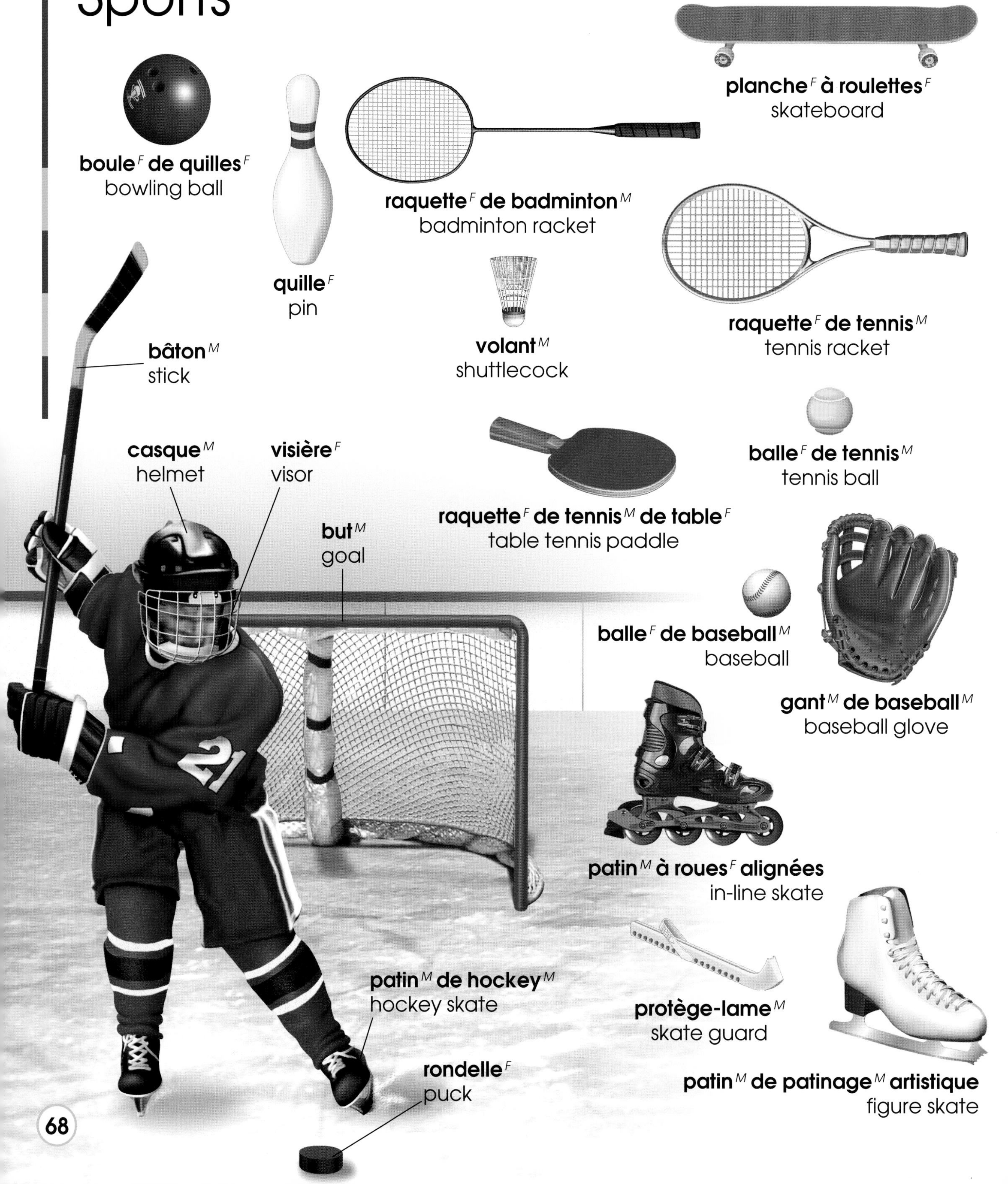

**planche**[F] **à neige**[F]
snowboard

**skieur**[M] **de fond**[M]
cross-country skier

**ballon**[M] **de basket**[M]
basketball

**panier**[M]
basket

**skieur**[M] **alpin**
alpine skier

**sprinteuse**[F]
sprinter

**karatéka**[F]
karateka

**nageur**[M]
swimmer

**balle**[F] **de golf**[M]
golf ball

**bâton**[M] **de golf**[M]
golf club

**footballeur**[M]
football player

**ballon**[M] **de football**[M]
football

**joueur**[M] **de soccer**[M]
soccer player

**maillot**[M]
shirt

**ballon**[M] **de soccer**[M]
soccer ball

**chaussure**[F] **à crampons**[M]
cleated shoe

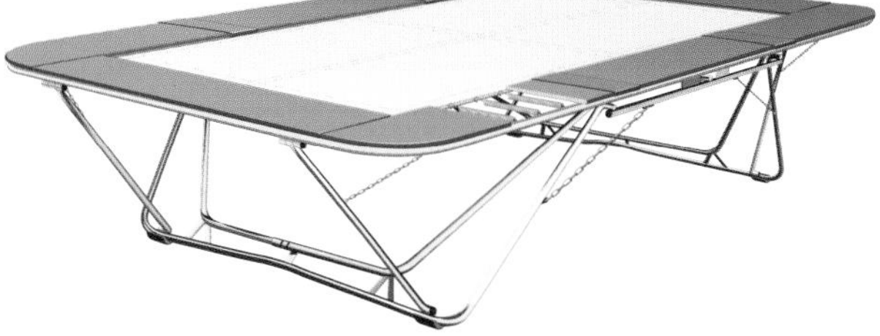

**trampoline**[M]
trampoline

# Le camping
# Camping

**couteau[M] suisse**
Swiss Army knife

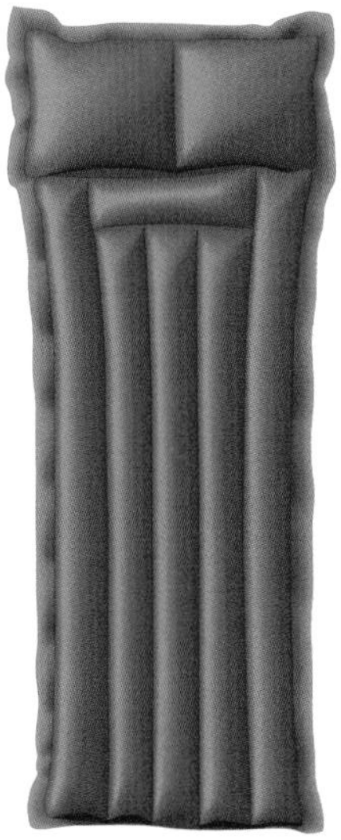

**matelas[M] pneumatique**
air mattress

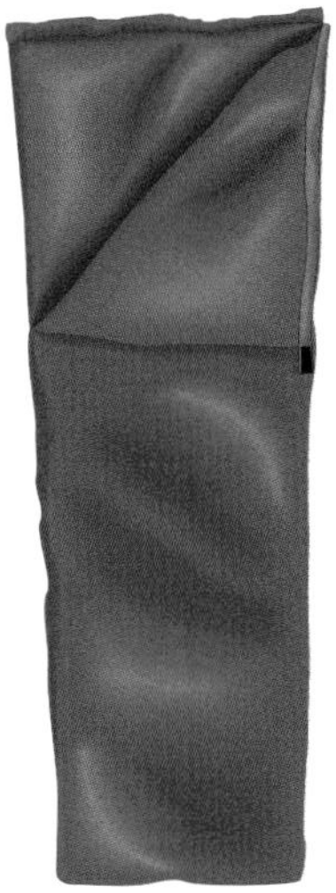

**sac[M] de couchage[M]**
sleeping bag

**matelas[M] mousse[F]**
foam pad

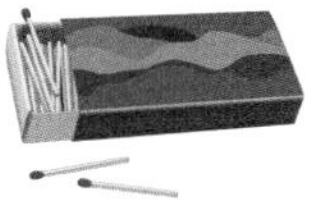

**boîte[F] d'allumettes[F]**
matchbox

**ustensiles[M] de campeur[M]**
cutlery set

**gonfleur[M]**
inflator

**tasse[F]**
cup

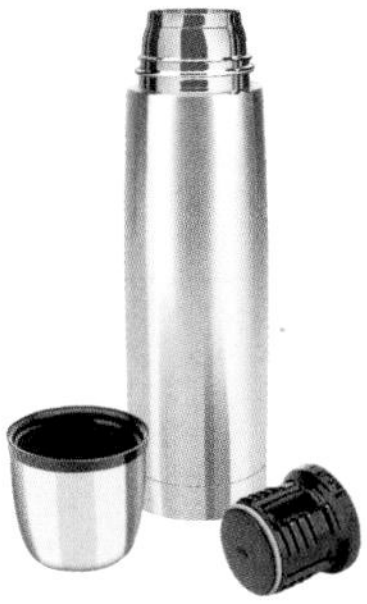

**bouteille[F] isolante**
vacuum bottle

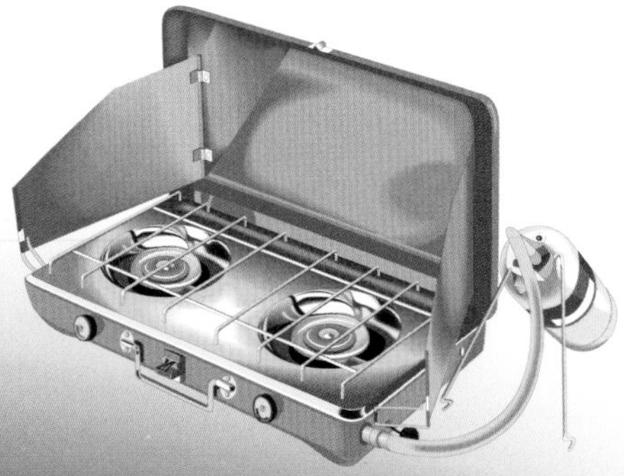

**réchaud[M]**
camp stove

**poêle[F] à frire**
frying pan

**assiette[F]**
plate

**feu[M] de camp[M]**
campfire

**lanterne**[F]
lantern

**pile**[F]
battery

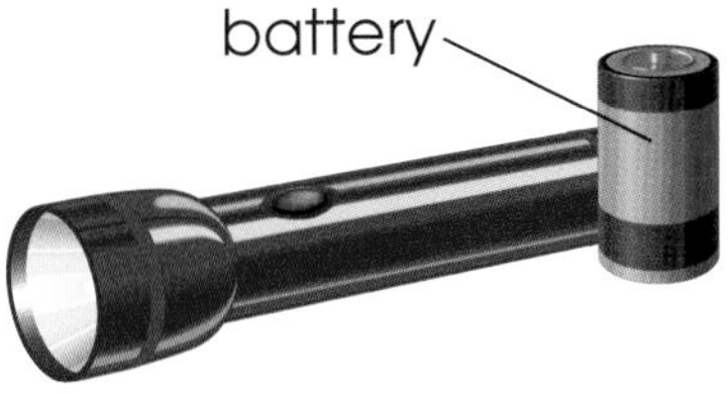

**lampe**[F] **de poche**[F]
flashlight

**cruche**[F]
water carrier

**tente**[F]**-caravane**[F]
tent trailer

**fauteuil**[M] **pliant**
folding armchair

**glacière**[F]
cooler

**caravane**[F]
trailer

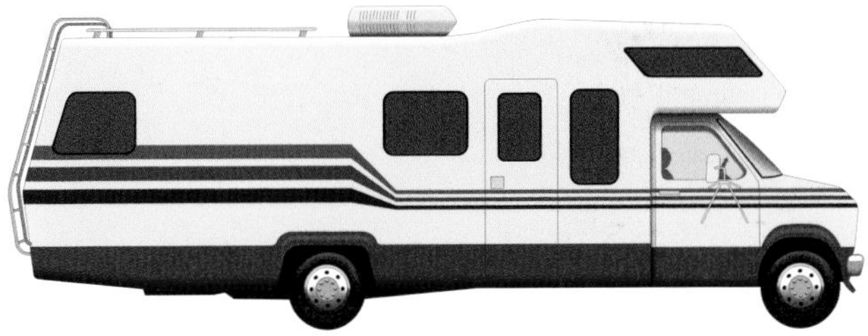

**auto**[F]**-caravane**[F]
motor home

**table**[F] **de pique-nique**[M]
picnic table

**tente**[F]
tent

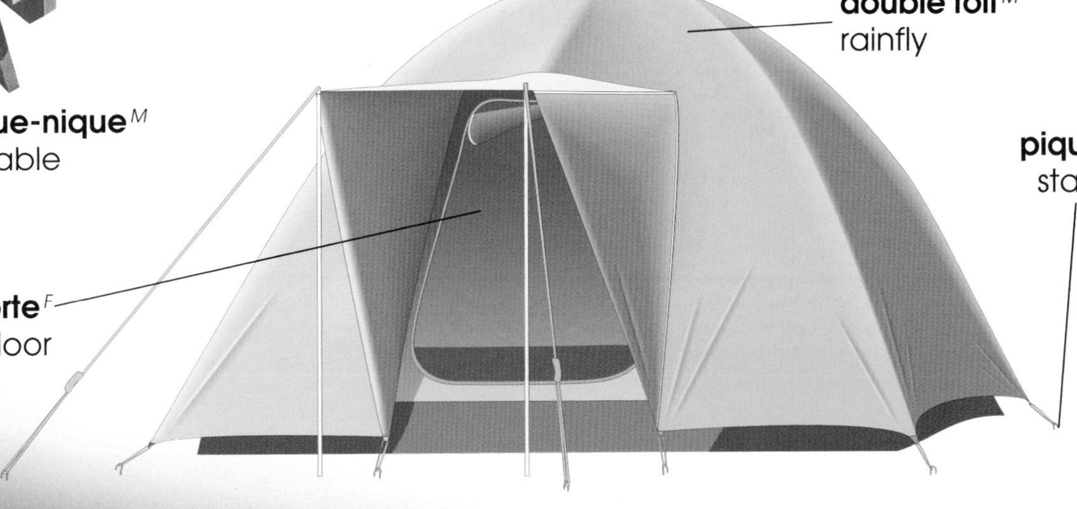

**double toit**[M]
rainfly

**piquet**[M]
stake

**porte**[F]
door

# Les fêtes
# Parties and holidays

**gâteau**[M] **d'anniversaire**[M]
birthday cake

**bougie**[F]
candle

**confettis**[M]
confetti

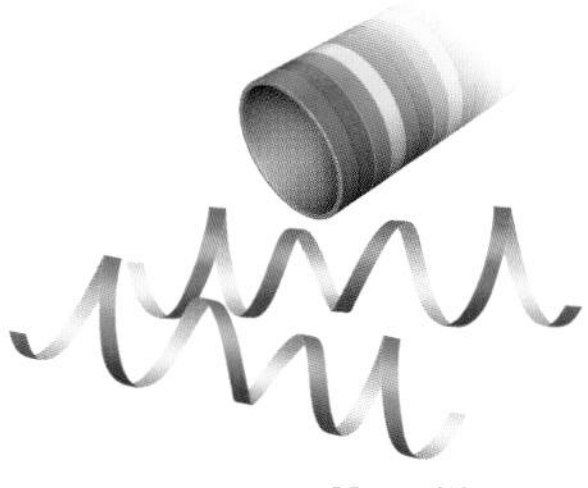

**serpentins**[M]
streamers

**pétards**[M]
crackers

**papier**[M] **d'emballage**[M]
gift wrap

**carte**[F] **de vœux**[M]
greeting card

**sac**[M] **à surprises**[F]
surprise bag

**feu**$^{M}$ **d'artifice**$^{M}$
fireworks

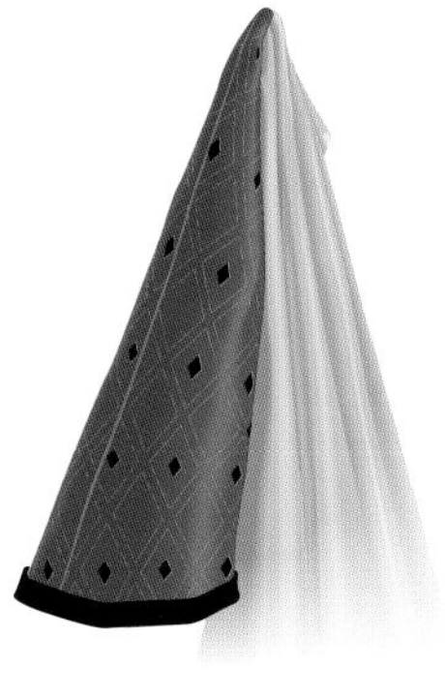

**hennin**$^{M}$
hennin

**masque**$^{M}$
mask

**œufs**$^{M}$ **de Pâques**$^{F}$
Easter eggs

**ruban**$^{M}$
ribbon

**cadeau**$^{M}$
gift

**piñata**$^{F}$
piñata

**sac**$^{M}$ **cadeau**$^{M}$
gift bag

**citrouille**$^{F}$ **d'Halloween**$^{F}$
Halloween pumpkin

**étoile**$^{F}$
star

**guirlande**$^{F}$
festoon

**boule**$^{F}$
ball

**arbre**$^{M}$ **de Noël**$^{M}$
Christmas tree

# **Les costumes et les personnages**
# Costumes and characters

**magicien** *M*
magician

**jongleur** *M*
juggler

**monstre** *M*
monster

**princesse** *F*
princess

**roi** *M*
king

**gnome** *M*
gnome

**robot** *M*
robot

**sorcière** *F*
witch

**fée** *F*
fairy

**fantôme** *M*
ghost

**chevalier**[M]
knight

**guerrier**[M] **gaulois**
Gallic warrior

**soldat**[M]
soldier

**légionnaire**[M] **romain**
Roman legionary

**pirate**[M]
pirate

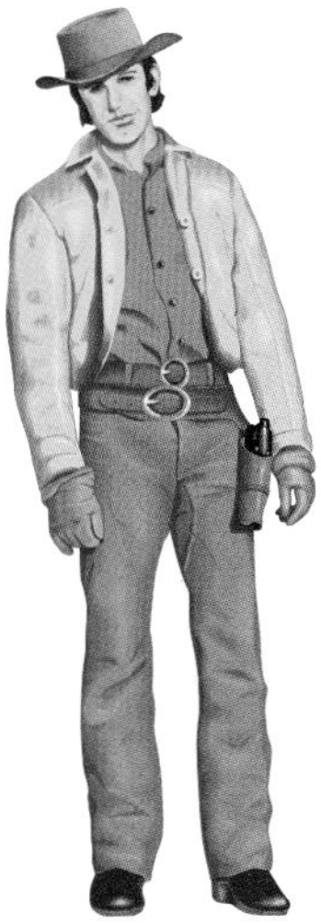

**cowboy**[M]
cowboy

**Amérindienne**[F]
Native American

**ballerine**[F]
ballerina

**dompteur**[M]
trainer

**dragon**[M]
dragon

**clown**[M]
clown

# Index français


## A

à côté 7
abat-jour 16
abeille 33
abribus 57
abricot 26
accessoires de foyer 17
accordéon 66
addition 64
aéroglisseur 50
affiche 12
agent de police 59
agrafes 60
agrafeuse 60
ail 25
aile 52
algue 38
allée 42
allosaure 40
alphabet 65
Amérindienne 75
ananas 27
anche 66
ancre 51
âne 32
ankylosaure 40
anneaux à empiler 18
annulaire 5
anorak 8
antilope 37
appartements en copropriété 56
araignée 31
arbre 34
arbre de Noël 73
arbuste 42
arc-en-ciel 48
archet 67
armoire 20
armoire-penderie 13
arrêt 57
arroseur 10
arrosoir 43
artichaut 24
asperge 24
assiette 23, 70
astéroïdes, ceinture 44
astronaute 59
aubergine 25
auriculaire 5
auto-caravane 71
autobus 55
autobus scolaire 55
automne 48
autruche 32
avion 52
avion d'affaires 53
avion léger 53
avion-cargo 53
avion-citerne 53
avocat 25
avoine 33
avoir peur 7

## B

babillard 60
baby-foot 19
bac à compost 43
bac à sable 11
bacon 29
bagel 28
baguette 28
baguettes 67
baignoire 14
bain moussant 14
baladeur 13
balai à feuilles 10
balancelle double 11
balançoire 11
baleine 39
balle de baseball 68
balle de golf 69
balle de tennis 68
ballerine 75
ballon 11, 72
ballon de basket 69
ballon de football 69
ballon de soccer 69
banane 26
barrette 15
bassin 42
bâton 68
bâton de golf 69
bâtonnet de colle 19
batterie 67
batteur à main 20
bêche 43
berceuse 13
berlingot de lait 28
betterave 24
beurre 28
beurrier 22
bibliothèque 17
bicyclette 54
bifteck 29
biplan 53
biscuits 23
blanc 62
blé 33
bleu 62
bleuet 26
bloc-notes 19
bocal 30
boîte à musique 12
boîte à outils 10
boîte à œufs 28
boîte d'allumettes 70
boîte de conserve 28
bol 22, 31
bols à mélanger 20
bonbons 29
borne d'incendie 57
botte 9
bouche 5
bouée de sauvetage 51
bougie 72
bouilloire 20
boule 73
boule de quilles 68
bouleau 34
boulier 65
bourdon 31
bourgeon 43
bouteille d'air comprimé 59
bouteille isolante 70
bouton 9
bouton floral 43
bœuf 33
brachiosaure 40
braguette 8
branche 30
bras 4
bretelle 8
brioche 23
briques 18
brise-glace 50
brocoli 24
brosse 15, 60
brosse à dents 14
brouette 10
brouillard 48
bruine 49
brume 48
bureau d'élève 60
but 68
butte 47

## C

cadeau 73
cafetière 20
cage 30
cahier 61
caille 32
caisse de résonance 67
caisse enregistreuse 28
calculatrice 60
caleçon 9
caméléon 30
camion d'incendie 59
camionnette 55
canapé 16
canapé convertible 16
canard 32
canneberge 27
canot 51
canot automobile 51
capot 55
carafon 22
carambole 27
caravane 71
caravelle 51
cardigan 8
carotte 24
carré 63
carte de vœux 72
carte géographique 60
cartes 19
caserne de pompiers 56
casque 59, 68
casque d'écoute 17
casque de moto 54
casque de sécurité 58
casque de vélo 54
casse-tête 18
casserole 21
cassette 13
cassette vidéo 17
cassis 27
cassonade 23
castagnettes 67
castor 35
causeuse 16
ceinture 9
ceinture d'astéroïdes 44
ceinturon de service 59
céleri 24
centre d'activités 11
cercle 63
céréales 23
cerise 27
chaîne 54
chaise 60
chaise pliante 16
chameau 36
champignon 34
chapeau 72
chardon 42
chardonneret 35
chariot 29
chariot à bagages 52
chat 30
château de sable 38
chaussettes 9
chaussure à crampons 69
chaussure de sport 8
cheminée 11, 47
chemise 9
chêne 34
chenille 31
cheval 32
cheval à bascule 18
chevalet 19, 63
chevalier 75
cheville 4, 67
chèvre 32
chevreuil 35
chien 31
chiffonnier 13
chou 24
chou-fleur 24
choux de Bruxelles 24
chrysalide 31
ciboulette 25
cigale 31
cil 4
cinq 64
cintre 12
ciseaux 19
citron 26
citrouille d'Halloween 73
clarinette 66
clavier 61, 66
clocher 56
clôture 10
clown 75
cobaye 30
coccinelle 31
coffre 13, 55
coffret à bijoux 12
col 9
col roulé 8
colline 46
comète 45
commode 12
comptoir vitré 29
concombre 25
cône 34, 63
confettis 72
congélateur 20
console de jeu 19
coq 32
coquelicot 42
coquillages 38
cornichon 25
coton-tige 14
cou 4
coude 4
coulée de lave 47
couleuvre 35
coupe d'une orange 27
coupe d'une pomme 26
coupe-ongles 14
courge spaghetti 25
courgette 25
courir 6
coussin 16
couteau 22
couteau de cuisine 21
couteau suisse 70
cowboy 75
cœur 5
crabe 39
craie 60
cratère 47
cravate 9
crayon 61
crayons de cire 19
crayons de couleur 19
crème glacée 23
crémier 22
crier 7
crinière 32
crocodile 37
crocus 42
croissant 28, 44
cruche 71
cube 63
cubes 18
cuiller 22
cuiller à crème glacée 21
cuillers doseuses 21
cuisinière électrique 21
cyclone tropical 48
cylindre 63
cymbales 67

## D

dans 7
dauphin 39
dé 19
débarbouillette 15
défense 37
deinonychus 40
dent 5
dentifrice 14
derrière 7
désert 47
deux 64
devant 7
dévidoir sur roues 10
dinde 23
dindon 32
diplodocus 41
disque compact 13, 61
disquette 61
distributeur d'essence 57
division 64
dix 64
doigt 4
dominos 19
dompteur 75
dormir 6
dos de la main 4
double toit 71
dragon 75
drap 12
dromadaire 36
dune 47
DVD 17

## E

écaille 25
éclair 49
écorce 27
écran 19, 61
écran solaire 38
écureuil 35
édredon 12
égale 64
église 56
éléphant 37
élève 60
emporte-pièces 21
en bas 7
en haut 7
enceinte acoustique 17
entonnoir 21
épaule 4
épi de maïs 33
épices 28
épinard 24
épinette 34
éplucheur 21
éponge 14
éponge à récurer 21
équerre 60
érable 34
escabeau 10
escalier d'accès 52
essoreuse à salade 20
estomac 5
estuaire 46
établi 18
été 48
étoile 73
étoile de mer 38
être assis 6
être fâché 7
être surpris 7
évier 20
extincteur 59

## F

factrice 58
falaise 46
fantôme 74
fard à joues 15
farine 23
faucon 35
fauteuil 16
fauteuil pliant 71
faux 33
fée 74
fenêtre 11
fennec 36
fenouil 24
fer à cheval 32
fer à friser 15
feu d'artifice 73
feu de camp 70
feu de circulation 57
feuillage 34
feuille 43
feuilles mobiles 61
feutre 19
figue 27
fil dentaire 14
fleur 43
flocon de neige 49
flûte 72
flûte à bec 66
flûte traversière 66
footballeur 69
forêt mixte 46
forêt tropicale 46
fougère 34
foulard 9
four 21
four à micro-ondes 20
fourche 33
fourchette 23
fourgonnette 55
fourmi 31
foyer 16
foyer, accessoires 17
fraise 26
framboise 27
frein 54
fromages 28
fruit de la Passion 27
fusée 44
fuselage 52
futon 16

## G

gadelle 27
galaxie 45
galère 51
gant de baseball 68
gants 9
gants de jardinage 43
garage 11, 18
gâteau 23
gâteau d'anniversaire 72
geai 35
gencive 5
genou 4
gerboise 36
germes de soya 25
gilet de sauvetage 51
girafe 37
girouette 49
givre 48
glace 55
glacier 46
glacière 71
glissoire 6, 11
globe terrestre 60
gnome 74
gobelet à bec 22
goéland 39
gomme 61
gonfleur 70
gorille 37
goutte d'eau 49
grange 33
gratte-ciel 57
grêlon 49

grelots 67
grenade 27
grenouille 35
grésil 49
griffe à fleurs 43
grille-pain 20
gris 62
grotte 47
guerrier gaulois 75
guidon 54
guirlande 73
guirlande de papier 72
guitare acoustique 67
guitare électrique 67

# H

habit de neige 9
hache 59
hadrosaure 40
haie 11
hamster 30
haricot 25
harmonica 66
harpe 66
haut-parleur 17, 61
hélicoptère 53
hennin 73
hibou 35
hippocampe 39
hippopotame 37
hiver 48
hochet 18
homard 29
horloge de parquet 16
hôtel 56
Hubble, télescope spatial 44
hublot 52
huile d'olive 29
huit 64
huître 29
hydravion 53
hyène 37

# I

imprimante 61
index 5
intestins 5
iris 4

# J

jambe 4
jambon cuit 29
jardin potager 10
jaune 62
jean 8
jeu de fléchettes 19
jongleur 74
jonquille 42
joueur de soccer 69
jupe 8
Jupiter 44
jus de fruits 28

# K

kangourou 36
karatéka 69
kayak 51
ketchup 29
kiwi 27

# L

lac 46
lacet 8
laitue 24
lampadaire 16
lampe de poche 71
lampe de table 12
langue 5
languette 8
lanterne 71
lapin 30
lavabo 14
lave-auto 57
lave-vaisselle 20
laveuse 15
lecteur de cassette 17
lecteur de CD/DVD 61
lecteur de disque compact 17
lecteur de disquette 61
lecteur de DVD 17
légionnaire romain 75
léopard 37
lettre 58
levier de clé 66
lèvre 5
lézard 36
libellule 31
lièvre 35
lime 26
lion 37
lis 42
lit à barreaux 12
lit pliant 12
litchi 27
littoral 46
livre 17
locomotive 55
losange 63
loup 35
Lune 44
lunettes de soleil 38
luzerne 25

# M

magasin 56
magicien 74
magma 47
magnétoscope 17
mailloches 67
maillot 69
maillot de bain 9
maïs 33
maison d'oiseau 43
maison de plain-pied 56
maison jumelée 56
majeur 5
manche 9, 67
manette de jeu 19
mangeoire 43
mangouste 37
mangue 27
maracas 67
marcher 6
marguerite 42
marmite 21
marqueur 61
Mars 44
marteau 10
masque 38, 59, 73
masque 68
mât 50
matelas mousse 70
matelas pneumatique 70
médecin 58
médiator 67
mélangeur 20
melon brodé 26
melon d'eau 27
melon miel 26
menton 4
mer 46
Mercure 44
météorite 45
métronome 66
miel 23
millet 33
minichaîne stéréo 17
minuteur 21
miroir 12
mitaine 9
mitaine isolante 20
mobile 12
moineau 35
monstre 74
montagne 46
montgolfière 53
moteur 52
moto 54
motomarine 51
mouche 31
moufette 35
moule 29
moule à muffins 21
moule à tarte 21
moulin à poivre 23
mouton 32
muguet 42
mulot 35
multiplication 64
mûre 27
muscle 5
mygale 36

# N

nacelle 11, 53
nageur 69
nappe 22
navet 24
navette spatiale 45
navire porte-conteneurs 51
nectarine 26
neige 49
Neptune 45
neuf 64
nez 4, 52
niche 31
noir 62
noix 27
noix de coco 27
nombril 4
nouvelle Lune 44
nuage 49
nuage de cendres 47
nuage en entonnoir 48

# O

oasis 47
oie 32
oignon 25
olive 25
ombre à paupières 15
ongle 4
orange 26, 62
orange, coupe 27
orchidée 42
ordinateur 61
oreille 4
oreiller 12
orge 33
orignal 35
orteil 4
os 5, 31
ours 35
ours en peluche 12
oursin 38
ouvre-boîtes 21
ouvrier de voirie 58
ovale 63
œil 4, 48
œillet 42
œuf 28
œufs de Pâques 73

# P

pachycephalosaure 40
pagaie double 51
pain blanc 28
pain pita 28
palmes 38
palmier 39
pamplemousse 26
panais 24
panier 29, 69
panier à linge 13
pansement adhésif 14
pantalon molletonné 9
pantoufle 13
papaye 27
papier aluminium 28
papier d'emballage 72
papier hygiénique 14
papiers-mouchoirs 14
papillon 31
paquebot 50
parallélogramme 63
parasauroloph 41
parasol 39
parc 57
pare-brise 55
parfum 15
passage à niveau 54
passage pour piétons 57
passoire 20
pastilles d'aquarelle 19
patate 24
pâte à modeler 18
patère 13
pâtes alimentaires 28
patin à roues alignées 68
patin de hockey 68
patin de patinage artistique 68
paume de la main 5
paupière 4
pavillon 66
peau 26
pêche 26
pédale 54
pédales 66
peigne 15
pélican 39
pelle 38
pelle mécanique 58
pellicule plastique 28
pelouse 10
pendule 60
pépin 26
père Noël 74
perforatrice 60
perroquet 30
perruche 30
personnage à assembler 18
pèse-personne 14, 58
pétale 42
pétards 72
petites voitures 18
petits pois 25
petits pots 28
pétrolier 50
peuplier 34
phare 51, 55
pharmacie 14
phoque 38
piano 66
pic 35
pichet 22
pied 4
pied de lit 12
pieuvre 39
pigeon 31
pile 71
pilote 58
pin 34
piñata 73
pince 36
pince à cheveux 15
pince-notes 60
pinceau 19
pioche 33
piquet 71
pirate 75
piscine creusée 11
piscine hors sol 11
pissenlit 42
pizza 23
plafonnier 13
plage 46
planche à découper 21
planche à dessiner 18
planche à neige 69
planche à roulettes 68
planche de surf 38
planétarium 44
plante 43
plaque à pâtisserie 21
plateau 46
pleine Lune 44
pleurer 7
pluie 49
pluie forte 49
pluie verglaçante 49
Pluton 45
pneu 55
poche 9, 36
poêle à frire 21, 70
poignet 4
poire 26
poireau 25
poisson 23
poisson rouge 30
poisson-clown 38
poisson-papillon 38
poivron 25
polo 8
pomme 26
pomme de terre 24
pomme, coupe 26
pompier 59
porc 32
porc-épic 35
porte 11, 13, 71
porte-bûches 17
porte-gomme 61
porte-mine 61
poste de police 56
pot 15
pot de crème glacée 28
pot de yogourt 28
poubelle 10
pouce 5
pouf 16
poulailler 32
poule 32
poulet 29
poumons 5
poupe 50
poupée 18
poussette 18
poussin 32
presse-agrumes 21
princesse 74
printemps 48
protège-lame 68
proue 50
prune 26
pruneau 27
pull molletonné 9
pulpe 27
punaises 60
pupille 4
pupitre à musique 67
pyjama 9
pyramide 63

# Q

quartier 27, 44
quatre 64
queue 26, 32, 52
quille 68

# R

racine 25, 34, 43
radiocassette laser 13
radis 24
ragoût 23
raie 39
raisin 27
raisin sec 27
rame de métro 55
ramequin 22
ramper 6
ramure 34
râpe 21
rapporteur d'angle 60
raquette de badminton 68
raquette de tennis 68
raquette de tennis de table 68
rasoir électrique 15
rasoir jetable 15
rat 30
râteau 10
rayon de miel 33
réchaud 70
rectangle 63
réfrigérateur 20
règle 61
reliure à anneaux 61
reliure spirale 61
remise 10
renne 74
requin 38
restaurant 56
rétroprojecteur 60
réveil 12
rhamphorynchus 41
rhinocéros 37
rhubarbe 24
rideau 12
rideau de douche 14
rince-bouche 14
rire 7
riz 28
robe 8
robinet 14
robot 74
roi 74
rondelle 68
rose 42
rosée 48
rouge 62
rouge à lèvres 15
rouge-gorge 35
rouleau à pâtisserie 21
ruban 73
ruban adhésif 19
ruche 33
rue 57
rutabaga 24

# S

sabot 32
sac 58
sac à dos 60
sac à surprises 72
sac cadeau 73
sac de biscuits 28
sac de congélation 28
sac de couchage 70
salade 23
saladier 22
salami 29
salière 23
salopette 8
sandale 8
sandwich 23
sapin 34
satellite 45
Saturne 45
saucière 22

saucisse 29
saumon 29
sauter 6
sauterelle 31
savon 14
saxophone 66
scooter 54
scorpion 36
seau 38
sécateur 43
sèche-cheveux 15
sécheuse 15
selle 54
semelle 8
sept 64
serin 30
serpent à sonnette 36
serpentin 21
serpentins 72
serviette 15, 22
serviette de plage 38
shampooing 14
short 9
siège de sécurité pour enfant 54
siège de vélo pour enfant 54
silo 33
sirop d'érable 23
six 64
skieur alpin 69
skieur de fond 69
slip 9
slip de bain 9
socle 16
soldat 75
Soleil 44
sommet 46
sonde spatiale 45
sorcière 74
soupière 22
sourire 7
souris 61
sous 7
sous-marin 50
soustraction 64
spaghetti 23
sphère 63
spinosaure 41
sprinteuse 69
station spatiale internationale 45
station-service 57
steak 23
stégosaure 40
stéthoscope 58
stylo-bille 61
stylo-plume 61
sucre 23
sucrier 22
sur 7
surligneur 61
synthétiseur 66
système de jeux vidéo 19

## T

T-shirt 8
table 16
table à langer 12
table de chevet 13
table de pique-nique 71
tableau 60
tablette de chocolat 29
tablier 20
taille-bordures 10
taille-crayon 61
talon 8
tambourin 67
tamia 35
tapis 12
tarte 23
tasse 22, 70
tasse à mesurer 21
télécommande 17
téléphone 17
télescope 44
télescope spatial Hubble 44
téléviseur 17
tentacule 39
tente 71
tente-caravane 71
Terre 44
tête 4
tête de lit 12
théière 22
thermomètre 49
thorax 4
tige 43
tigre 37
tique 36
tire-bouchon 21
tiroir 20
toile d'araignée 31
toilette 14
toit 11
tomate 25
tondeuse 10
torchon 21
tornade 48
tortilla 28
tortue 30
toundra 46
toupie 18
tour d'habitation 56
tour de contrôle 52
tournesol 42
tournevis 10
tracteur 32, 52
train 55
train miniature 18
traîneau 74
trampoline 69
tramway 55
transbordeur 52
transplantoir 43
trapèze 11, 63
travaux 57
traversier 50
triangle 63, 67
tricératops 41
tricycle 11
trois 64
trombones 60
trompe 37
trompette 66
tronc 34
trotteur 18
trottoir 57
tuba 66
tulipe 42
tunique 25
tunnel 6
tuque 9
tuyau d'arrosage 10
tuyau d'incendie 59
tyrannosaure 41

## U

un 64
Uranus 45
usine 57
ustensiles de campeur 70

## V

vache 32
vallée 46
vautour 36
veau 33
ventilateur 16
ventouse 39
ventre 4
Vénus 44
verglas 49
vernis à ongles 15
verre 22
verre à vin 22
vert 62
vinaigre de vin 29
violet 62
violon 67
vivarium 30
voie ferrée 54
voile 50
voilier 50
voiture 55
voiture de course 58
voiture de police 59
voiturette 11
volant 68
volcan 47

## X

xylophone 67

## Y

yacht 51

## Z

zèbre 37
zeste 27
zone scolaire 57

# English Index

## A

abacus 65
abdomen 4
above ground swimming pool 11
accordion 66
acoustic guitar 67
adhesive bandage 14
adhesive tape 19
afraid 7
air mattress 70
airplane 52
alarm clock 12
alfalfa 25
alga 38
allosaurus 40
alphabet 65
alpine skier 69
aluminum foil 28
anchor 51
angry 7
ankle 4
ankylosaurus 40
anorak 8
ant 31
antelope 37
apple 26
apple, section 26
apricot 26
apron 20
arm 4
armchair 16
artichoke 24
asparagus 24
ass 32
asteroid belt 44
astronaut 59
autumn 48
avocado 25

## B

back of the hand 4
backpack 60
bacon 29
bactrian camel 36
badminton racket 68
bag 58
bag of cookies 28
bagel 28
baggage trailer 52
baguette 28
baking sheet 21
ball 11, 73
ballerina 75
balloon 72
ballpoint pen 61
banana 26
barley 33
barn 33
barrette 15
base 16
baseball 68
baseball glove 68
basket 53, 69
basketball 69
bathroom scale 14
bathtub 14
battery 71
beach 46
beach towel 38
beach umbrella 39
bean 25
bear 35
beaver 35
bedside table 13
beet 24
behind 7
bell 66
bell tower 56
belt 9
beside 7
bicycle 54
bicycle helmet 54
biplane 53
birch 34
bird feeder 43
birdhouse 43
birthday cake 72
black 62
black currant 27
blackberry 27
blackboard 60
blackboard eraser 60
blender 20
blocks 18
blue 62
blueberry 26
blusher 15
bobby pin 15
bone 5, 31
book 17
bookcase 17
boot 9
bow 50, 67
bowl 31
bowling ball 68
boxer shorts 9
brachiosaurus 40
brake 54
branch 30
branches 34
briefs 9
broccoli 24
brown sugar 23
brush 19
Brussels sprouts 24
bubble bath 14
bucket 38
bud 43
budgie 30
bulletin board 60
bumblebee 31
bun 23
bus shelter 57
bush 42
business aircraft 53
butte 47
butter 28
butter dish 22
butterfly 31
butterfly fish 38
button 9

## C

cabbage 24
cabinet 20
cage 30
cake 23
calculator 60
calf 33
camel 36
camp stove 70
campfire 70
can opener 21
canary 30
candies 29
candle 72
canoe 51
car 55
car wash 57
carambola 27
caravel 51
cardigan 8
cards 19
cargo aircraft 53
carnation 42
carrot 24
cash register 28
cassette 13
cassette player 17
castanets 67
cat 30
caterpillar 31
cauliflower 24
cave 47
CD radio cassette player 13
CD/DVD drive 61
ceiling fitting 13
celery 24
cereal 23
chair 60
chalk 60
chameleon 30
changing table 12
character set 18
cheese 28
cherry 27
chick 32
chicken 29
chiffonier 13
child carrier 54
child safety seat 54
chimney 11
chin 4
chipmunk 35
chive 25
chocolate bar 29
Christmas tree 73
chrysalis 31
church 56
cicada 31
circle 63
citrus juicer 21
city bus 55
clarinet 66
claw 36
cleated shoe 69
cliff 46
clip 60
clock 60
cloud 49
cloud of volcanic ash 47
clown 75
clown fish 38
coat hook 13
coconut 27
coffeemaker 20
colander 20
collar 9
colored pencils 19
comb 15
comet 45
comforter 12
compact disc 13, 61
compact disc player 17
compost bin 43
compressed-air cylinder 59
computer 61
condominiums 56
cone 34, 63
confetti 72
container ship 51
control tower 52
controller 19
cooked ham 29
cookie cutters 21
cookies 23
cooler 71
corkscrew 21
corn 33
corncob 33

cotton applicators 14
counter 29
cow 32
cowboy 75
crab 39
crackers 72
cranberry 27
crater 47
crawl 6
creamer 22
crescent 44
crib 12
crocodile 37
crocus 42
croissant 28
cross-country skier 69
cry 7
cube 63
cubes 18
cucumber 25
cup 22, 70
curling iron 15
currant 27
curtain 12
cushion 16
cutlery set 70
cutting board 21
cyclone 48
cylinder 63
cymbals 67

# D

daffodil 42
daisy 42
dandelion 42
darts 19
deer 35
deinonychus 40
dental floss 14
desert 47
dew 48
die 19
diplodocus 41
dishwasher 20
diskette 61
diskette drive 61
disposable razor 15
divided by 64
dog 31
doll 18
dolphin 39
dominoes 19
door 11, 13, 71
double-bladed paddle 51
down 7
dragon 75
dragonfly 31
drawer 20
drawing board 18
dress 8
dresser 12
drive chain 54
driver 58
drizzle 49
dromedary camel 36
drums 67
dryer 15
duck 32
dune 47
duty belt 59
DVD 17
DVD player 17

# E

ear 4
Earth 44
easel 19, 63
Easter eggs 73
edger 10
egg 28
egg carton 28
eggplant 25
eight 64
elbow 4
electric guitar 67
electric range 21
electric razor 15
elephant 37
engine 52
equals 64
eraser 61
eraser holder 61
eye 4, 48
eyelash 4
eyelid 4
eyeshadow 15

# F

face mask 68
factory 57
fairy 74
falcon 35
fan 16
faucet 14
felt tip pen 19
fence 10
fennec 36
fennel 24
fern 34
ferryboat 50
festoon 73
field mouse 35
fig 27
figure skate 68
finger 4
fingernail 4
fins 38
fir 34
fire extinguisher 59
fire hose 59
fire hydrant 57
fire irons 17
fire station 56
fire truck 59
fire-fighting aircraft 53
firefighter 59
fireplace 16
fireworks 73
fish 23
five 64
flashlight 71
flat sheet 12
fleshy leaf 25
floor lamp 16
flour 23
flower 43
flower bud 43
flute 72
fly 8, 31
foam pad 70
fog 48
foil, aluminum 28
folding armchair 71
folding chair 16
foliage 34
food can 28
foot 4
football 69
football player 69
footboard 12
fork 23, 33
fountain pen 61
four 64
framing square 60
freeway 0
freezer 20
freezer bag 28
freezing rain 49
frog 35
frost 49
fruit juice 28
frying pan 21, 70
full moon 44
funnel 21
funnel cloud 48
fuselage 52
futon 16

# G

galaxy 45
galley 51
Gallic warrior 75
game console 19
garage 11, 18
garbage can 10
garden hose 10
gardening gloves 43
garlic 25
gasoline pump 57
geographical map 60
gherkin 25
ghost 74
gift 73
gift bag 73
gift wrap 72
giraffe 37
glacier 46
glass 22
glider swing 11
globe 60
gloves 9
glue stick 19
gnome 74
goal 68
goat 32
goldfinch 35
goldfish 30
golf ball 69
golf club 69
gondola 11
goose 32
gorilla 37
grandfather clock 16
grape 27
grapefruit 26
grasshopper 31
grater 21
gravy boat 22
green 62
green peas 25
greeting card 72
grey 62
guinea pig 30
guitar 67
gull 39
gum 5

# H

hadrosaurus 40
hail 49
hair dryer 15
hairbrush 15
Halloween pumpkin 73
hammer 10
hamster 30
hand cultivator 43
hand mixer 20
handlebars 54
hanger 12
hare 35
harmonica 66
harp 66
hat 72
hatchet 59
head 4
headboard 12
headlight 55
headphones 17
heart 5
heavy rain 49
hedge 11
heel 8
helicopter 53
helmet 59, 68
hen 32
hen house 32
hennin 73
high-rise apartment 56
highlighter pen 61
highway crossing 54
hill 46
hippopotamus 37
hive 33
hockey skate 68
honey 23
honeybee 33
honeycomb 33
honeydew melon 26
hood 55
hoof 32
horse 32
horseshoe 32
hose trolley 10
hot-air balloon 53
hotel 56
hovercraft 50
Hubble space
telescope 44
hyena 37

# I

ice breaker 50
ice cream 23
ice cream cup 28
ice cream scoop 21
in 7
in front of 7
in-ground swimming
pool 11
in-line skate 68
index finger 5
inflator 70
international space
station 45
intestines 5
iris 4

# J

jar 30
jay 35
jeans 8
jerboa 36
jewel box 12
jigsaw puzzle 18
juggler 74
jump 6
Jupiter 44

# K

kangaroo 36
karateka 69
kayak 51
kennel 31
ketchup 29
kettle 20
key lever 66
keyboard 61, 66
king 74
kitchen knife 21
kitchen timer 21
kitchen towel 21
kiwi 27
knee 4
knife 22
knight 75
knit shirt 8

# L

ladybird beetle 31
lake 46
lantern 71
laugh 7
laundry basket 13
lava flow 47
lawn 10
lawn rake 10
leaf 43
leek 25
leg 4
legionary 75
lemon 26
leopard 37
letter 58
lettuce 24
life buoy 51
life jacket 51
light aircraft 53
lighthouse 51
lightning 49
lily 42
lily of the valley 42
lime 26
linen chest 13
lion 37
lip 5
lipstick 15
litchi 27
little finger 5
lizard 36
lobster 29
locomotive 55
log carrier 17
loose-leaf paper 61
loudspeaker 17
love seat 16
lungs 5

# M

magician 74
magma 47
mail carrier 58
main vent 47
mallets 67
mane 32
mango 27
maple 34
maple syrup 23
maracas 67
marker 61
Mars 44
mask 38, 59, 73
mast 50
matchbox 70
measuring cup 21
measuring spoons 21
mechanical pencil 61
medicine cabinet 14
memo pad 19
Mercury 44
meteorite 45
metronome 66
microwave oven 20
middle finger 5
milk carton 28
millet 33
mini stereo sound
system 17
miniature train 18
minivan 55
minus 64
mirror 12
mist 48
mitten 9
mixed forest 46
mixing bowls 20
mobile 12
modeling clay 18
mongoose 37
monster 74
Moon 44
moose 35
motor home 71
motor scooter 54
motorcycle 54
motorcycle helmet 54
mountain 46
mouse 61
mouth 5
mouthwash 14
mower 10
muffin pan 21
multiplied by 64
muscle 5
mushroom 34
music box 12
music stand 67
muskmelon 26
mussel 29

# N

nail clippers 14
nail enamel 15
napkin 22
Native American 75
navel 4
neck 4, 67
necktie 9
nectarine 26
Neptune 45
new moon 44
nine 64
nose 4, 52
notebook 61
nuts 27

# O

oak 34
oasis 47
oats 33
octopus 39
olive 25
olive oil 29
on 7
one 64
one-storey house 56
onion 25
orange 26, 62
orange, section 27
orchid 42
ostrich 32
ottoman 16
oval 63
oven 21
oven mitt 20
overalls 8
overhead projector 60
owl 35
ox 33
oyster 29

# P

pachycephalosaurus 40
paddle, double-bladed
51
pajamas 9
palm of the hand 5
palm tree 39
papaya 27
paper clips 60
paper festoon 72
paper punch 60
parallelogram 63
parasauroloph 41
park 57
parrot 30
parsnip 24
passenger liner 50
passenger transfer
vehicle 52
passion fruit 27
pasta 28
path 42
peach 26
pear 26
pedal 54

pedals 66
pedestrian crossing 57
peeler 21
peg 67
pelican 39
pen 61
pencil 61
pencil sharpener 61
pepper mill 23
perfume 15
personal player 13
personal watercraft 51
petal 42
physician 58
piano 66
pick 33
pickup truck 55
picnic table 71
pie 23
pie pan 21
pig 32
pigeon 31
pillow 12
pin 68
piñata 73
pine 34
pineapple 27
pip 26
pirate 75
pita bread 28
pizza 23
planetarium 44
plant 43
plastic film 28
plate 23, 70
plateau 46
play center 11
playpen 12
plectrum 67
plum 26
plus 64
Pluto 45
pocket 9
police car 59
police officer 59
police station 56
pomegranate 27
pond 42
poplar 34
poppy 42
porcupine 35
poster 12
potato 24
potty 15
pouch 36
power shovel 58
princess 74
printer 61
protractor 60
prune 27
pruning shears 43
puck 68
pulp 27
pupil 4
pyramid 63

**Q**

quail 32
quarter 44

**R**

rabbit 30
racing car 58
radish 24
railroad track 54
rain 49
rainbow 48
rainfly 71
raisin 27
rake 10
ramekin 22
raspberry 27
rat 30
rattle 18
rattlesnake 36
recorder 66
rectangle 63
red 62
reed 66
refrigerator 20
reindeer 74
remote control 17
restaurant 56
rhamphorynchus 41
rhinoceros 37
rhombus 63
rhubarb 24
ribbon 73
rice 28
rime 48
rind 27
ring binder 61
river estuary 46
road worker 58
roadwork 57
robin 35
robot 74
rocket 44
rocking chair 13
rocking horse 18
rolling pin 21
Roman legionary 75
roof 11
rooster 32
root 25, 34, 43
rose 42
rug 12
ruler 61
run 6
runabout 51
running shoe 8
rutabaga 24

**S**

safety cap 58
sail 50
sailboat 50
salad 23
salad bowl 22
salad spinner 20
salami 29
salmon 29
salt shaker 23
sand castle 38
sandal 8
sandbox 11
sandwich 23
Santa Claus 74
satellite 45
Saturn 45
saucepan 21
sausage 29
saxophone 66
scale 58
scale leaf 25
scarf 9
school bus 55
school zone 57
scissors 19
scorpion 36
scouring pad 21
scream 7
screwdriver 10
scythe 33
sea 46
sea horse 39
sea urchin 38
seal 38
seaplane 53
seashells 38
seat 54
section of an apple 26
section of an orange 27
segment 27
semidetached cottage 56
service station 57
seven 64
shade 16
shampoo 14
shark 38
shed 10
sheep 32
shirt 9, 69
shoelace 8
shopping basket 29
shopping cart 29
shoreline 46
shorts 9
shoulder 4
shovel 38
shower curtain 14
shuttlecock 68
sidewalk 57
silo 33
sink 14, 20
sit 6
six 64
skate 39
skate guard 68
skateboard 68
skin 26
skirt 8
skunk 35
skyscraper 57
sleep 6
sleeping bag 70
sleet 49
sleeve 9
sleigh 74
sleigh bells 67
slide 6, 11
slipper 13
small cars 18
small decanter 22
small hand cultivator 43
small jars 28
smile 7
snake 35
snow 49
snowboard 69
snowflake 49
snowsuit 9
soap 14
soccer ball 69
soccer player 69
soccer table 19
socks 9
sofa 16
sofa bed 16
soldier 75
sole 8
sound box 67
soup bowl 22
soup tureen 22
soybean sprouts 25
space probe 45
space shuttle 45
space telescope 44
spade 43
spaghetti 23
spaghetti squash 25
sparrow 35
speaker 17, 61
sphere 63
spices 28
spider 31
spider web 31
spinach 24
spinner 18
spinosaurus 41
spiral binder 61
sponge 14
spoon 22
spouted cup 22
spring 48
sprinkler 10
sprinter 69
spruce 34
square 63
squirrel 35
stackable rings 18
stake 71
stalk 26
stapler 60
staples 60
star 73
starfish 38
steak 23, 29
stegosaurus 40
stem 43
stepladder 10
stern 50
stethoscope 58
stew 23
stick 68
sticks 67
stock pot 21
stocking cap 9
stomach 5
stop 57
store 56
strap 8
strawberry 26
streamers 72
street 57
streetcar 55
stroller 18
student 60
student's desk 60
submarine 50
subway train 55
sucker 39
sugar 23
sugar bowl 22
summer 48
summit 46
Sun 44
sunflower 42
sunglasses 38
sunscreen 38
surface element 21
surfboard 38
surprise bag 72
surprised 7
sweatpants 9
sweatshirt 9
sweet pepper 25
sweet potato 24
swimmer 69
swimming pool, above ground 11
swimming trunks 9
swimsuit 9
swing 11
Swiss Army knife 70
synthesizer 66

**T**

T-shirt 8
table 16
table lamp 12
table tennis paddle 68
tablecloth 22
tail 32, 52
tambourine 67
tanker 50
tarantula 36
teapot 22
teddy bear 12
telephone 17
telescope 44
television set 17
ten 64
tennis ball 68
tennis racket 68
tent 71
tent trailer 71
tentacle 39
thermometer 49
third finger 5
thistle 42
thorax 4
three 64
thumb 5
thumb tacks 60
tick 36
tiger 37
tire 55
tissues 14
toaster 20
toe 4
toilet 14
toilet paper 14
tomato 25
tongue 5, 8
tool box 10
tooth 5
toothbrush 14
toothpaste 14
tornado 48
tortilla 28
tow tractor 52
towel 15
tractor 32
traffic lights 57
trailer 71
train 55
trainer 75
trampoline 69
transverse flute 66
trapeze 11
trapezoid 63
tree 34
triangle 63, 67
triceratops 41
tricycle 11
tropical cyclone 48
tropical forest 46
trowel 43
trumpet 66
trunk 34, 37, 55
tuba 66
tulip 42
tundra 46
tunnel 6
turkey 23, 32
turnip 24
turtle 30
turtleneck 8
tusk 37
two 64
tyrannosaurus 41

**U**

under 7
universal step 52
up 7
Uranus 45

**V**

vacuum bottle 70
valley 46
vegetable garden 10
Venus 44
video entertainment system 19
video monitor 61
videocassette 17
videocassette recorder (VCR) 17
violet 62
violin 67
visual display 19
vivarium 30
volcano 47
vulture 36

**W**

wagon 11
walk 6
walker 18
wardrobe 13
washcloth 15
washer 15
water carrier 71
water drop 49
water pitcher 22
watercolor cakes 19
watering can 43
watermelon 27
wax crayons 19
whale 39
wheat 33
wheelbarrow 10
white 62
white bread 28
wind vane 49
window 11, 52, 55
windshield 55
wine glass 22
wine vinegar 29
wing 52
winter 48
witch 74
wolf 35
woodpecker 35
workbench 18
wrist 4

**X**

xylophone 67

**Y**

yacht 51
yellow 62
yogurt cup 28

**Z**

zebra 37
zest 27
zucchini 25